디그니티
플랜

Collective identity
Indigenous social networks

...al movement
...ories
...cial identity
...eories

State Human rights obligations
Duty-bearer

디그니티 플랜

우리는 어떻게 나쁜 세상과 싸우는가

양정훈 지음

...ganic rights
...elated rights

Dignity Plan   How do we fight a bad world

Universality
Interdependence

Human rights sensitivity
Empowerment

Education through Human rights
Education for Human rights

Social stigma
Coming-Out

수오서재

차례

프롤로그 008
저 울음 안팎의 사람들

1장
무모하고
눈부신 싸움

인권무브먼트
나쁜 세상에 역동하다 014

인권의 본질
우리가 손에 쥔 것 022

인권감수성
자꾸 번지는 마음 036

2장
우리란
누구인가

약자와 소수자
작고 낮고 귀한 이름 050

교차성과 가변성
부딪치고 움직이는 존재들 056

모두의 약자성과 소수자성
나는 어떻게 연결되는가 062

3장

다채롭게 나쁜 세상

혐오	
증오하는 마음의 사회학	074

범죄화, 낙인과 배제	
억압의 시대	091

게토와 스테이터스큐	
흐리지만 넘을 수 없는 선	101

비가시성	
있지만 없는 투명인간	107

4장

나쁜 세상을 균열 내는 몸짓들

장애인 탈시설운동	
갇히지 않겠다	114

성소수자 프라이드운동	
자긍의 무지개	125

자력화	
스스로 조건 없는 존엄	137

5장

대체 무슨 힘으로 모이는가

집단적 동기
내가 바꾸려는 무엇 ... 146

보상적 동기
내게 더 가치 있는 시간 ... 151

규범적 동기
나와 함께하는 누구 ... 155

인디지니어스 네트워크
커뮤니티라는 연대의 심연 ... 162

6장

이토록 강렬한 '나'들

집단적 정체성
오롯이 나와 우리 ... 174

집단적 정체성의 요소들
나의 규정부터 우리의 운명까지 ... 182

7장
더 좋은 싸움을 위하여

집단적 정체성과 커뮤니티의 강화
뿌리를 내려 잇다　　　　　　　　202

인권마인즈
힘의 연동과 윤활　　　　　　　　214

에필로그　　　　　　　　　　　220
저 울음의 넓고 깊은 파문으로

미주　　　　　　　　　　　　　224
참고문헌　　　　　　　　　　　242

프롤로그

저 울음 안팎의 사람들

편집을 맡고 있던 월간지의 교정 교열을 끝내고 마지막으로 서문을 쓰기 위해 컴퓨터 앞에 앉아 있었다. 그러다가 어느 화력발전소에서 들려온 비정규직 청년 노동자의 부고를 접했다. 참담한 사고였다. 단 한 줄 쓰지 못하고 컴퓨터를 끄고 말았다. 이틀이 지나서야 겨우 원고로 돌아올 수 있었다. 김소연 시인은 《눈물이라는 뼈》 시집의 서문에 "사람의 울음을 이해한 자는 그 울음에 순교한다"고 적었다. 그가 말한 울음과 저 이의 죽음과 그로 대변되는 수많은 다른 이들의 얼굴이 겹쳤다. 그저 운이 나빴다고, 끔찍한 불행이라고 말할 수 없었다. 청년 노동자를 죽인 것은 한국 사회의 노동 구조였다.

그 뒤로 시간이 한참 흘렀다. 나는 어느 방송을 통해 인권 시위 현장을 보고 있었는데 바로 거기에 사고로 유명을 달리했던 그 청년의 모친이 마이크를 잡고 서 있었다. 그가 떨리는 목소리로 연설하는 것을 지켜보며 예전에 어느 활동가가 해줬던 말이 떠올라 한참 머리를 떠나지 않았다.

"인권운동을 하며 가장 울컥할 때가 언제인지 아세요?"

활동가가 물었다.

경찰에 연행됐을 때라던가 숙원 법안이 마침내 통과됐을 때, 혹은 피해자의 눈물을 볼 때가 아닐까 나는 짐작했다. 대답은 뜻밖이었다.

"그전까지 한 번도 거리에 나설 일 없던 사람들이 치열한 시위 현장 한복판에 서는 걸 볼 때예요."

그것은 슬픈가, 감동적인가, 아니면 무참한가 생각했다.

나는 이 책을 통해 인간의 존엄을 위해 싸우는 현장에 선 한 사람, 한 사람의 내면과 이를 묶어 잇는 거대한 마음에 관해 펼쳐보려 한다. 하루하루 일상을 그저 성실히 살아가던 이들이 거대하고 구조적인 혐오, 차별, 폭력을 고발하며 길 위에 서기까지의 힘. 나쁜 세상을 감각하고, 울고, 마침내 문을 나서기까지의 서사. 그 사이를 벌려 더 나은 삶과 더 좋은 세상을 향한 연대의 본질을 탐색하고 싶다.

이 과정에서 가능한 한 많은 약자와 소수자의 이야기를 살펴볼 것이다. 다만, 개인적으로 향후 10년 한국 사회의 인권 의식이 보다 성숙하면 장애인 인권에 관한 전향적인 담론과 성소수자 인권이 주요한 의제로 부상하리라 예측한다. 따라서 관련 주제에 상당 지면을 할애했다. 아울러, 당사자가 인터뷰나 기고를 통해 실명을 밝혔거나 언론에 이름이 드러난 경우라도 여기서는 되도록 이니셜 표기를 원칙으로 했다. 꽤 오랜 시간 누적된 기사들도 다루기 때문에 당사자의 입장이 여전히 같다고 확신하기 어려운 이유다.

한편, 이 책은 인권정책Human Rights Policy 및 인권이행Human Rights Practice 연구에 바탕을 두고 사회운동 이론Social movement theories과 사회정체성 이론Social identity theories을 주요하게 참조한다. 사회학에 기초한 사회운동 이론과 사회심리학에 기초한 사회정체성 이론은 사실 별개로 발전해 왔다. 그러나 근래에는 사회운동의 증진에 더 효과적인 전략을 제공하기 위하여 통합하여 접근하려는 여러 시도가 이루어지고 있다.[1]

각 장은《우리는 어떻게 나쁜 세상과 싸우는가》라는 부제목의 어절을 주제로 구성하였다. 먼저, 1장은 이 '싸움'의 정체를 규정한다. 2장은 '우리'란 어떤 존재이며 어떻게 연결되는지 다루고, 3장은 구체적으로 '나쁜 세상'의 기제를 분석한다. 4장에서 7장은 핵심이라고 할 수 있는 '어떻게'에 집중하여 그동안 한국 사회가 좀처럼 조명하지 않았던 새로운 담론을 펼쳐본다.

길 위에 우는 이. 그 울음의 원인을 해결하는 것은 가장 먼 일이다. 저 울음을 닦아주는 것도 아마 먼 일이다. 그 전에 함께 우는 것마저도 우리에겐 요원할지 모른다. 어쩌면 가장 가까운 것은 저 이가 '운다고 아는' 일이 아닐까? 거기에서 시작하고 싶다.

영국 런던에서 참여했던 사회적 소수자 좌담회를 기억한다. 잠깐 쉬는 시간 트랜스젠더 여성이 기타를 잡더니 자작곡을 노래하기 시작했다.

"우리 다 흠결투성이 사람일 거야. 그래도 그래도 너 혼자 울게 두지는 않을게."

우는 사람과 그 울음을 이해하는 사람, 같이 우는 사람과 그 울음을 닦아주는 사람, 마침내 기어이 다신 울지 않아도 되는 길을 찾아 함께 나서는 사람까지, 우리는 무엇으로 이어져 있는가.

무모하고 눈부신 싸움

Dignity Plan   How do we fight a bad world

인권무브먼트

나쁜 세상에 역동하다

좋은 세상의 모퉁이

책의 부제목,《우리는 어떻게 나쁜 세상과 싸우는가》를 보고 사람들이 갖게 될 첫 번째 의문은 도대체 '무엇'이 나쁜 세상인가일 것이다. 인권교육 현장에서 종종 이런 말을 듣는다. 전후戰後 시대, 독재 시대에 비하면 지금이 얼마나 좋은 세상인 줄 아느냐고. 맞는 말이다. 과거의 어느 시점에 비해 지금의 어느 영역은 훨씬 더 좋은 세상이 되었다. 지난 20년만 비교해도 인류는 더 부유해졌고 세계 인구의 극빈층은 반으로 줄었다. 재해로 죽는 사람은 90퍼센트 감소했고 아동은 더 안전해졌다.[2]

그러나 이 말이 모두에게 좋은 세상이 되었다는 뜻은 아니다. 공동체의 다수 사람에게 좋은 세상이 된 반면 특정 집단에게는 나쁜 세상이 되었을 수 있다. 한국 사회는 여러 부침이 있었지만 어쨌든 부단하게 민중 권력이 강화되어 왔다. 구성원 대다수를 차지하는 민중에게는 좋은 세상이 된 반면 특정 시기 정치권력을 독점했던 집단에게는 적어도 권력의 측면에서 세상은 점점 더 나빠졌는지 모른다.

누구에게는 열 배쯤 좋은 세상이 되었는데, 다른 이에게는 두 배쯤 좋은 세상이 되었다면 이 역시 문제다. 상대적 빈곤을 떠올리면 된다. 두 배쯤 좋은 세상을 맞이한 사람의 입장에서는 남들에게 열 배쯤 풍요를 주면서 자신에게 반의반만 허락하는 세상은 여전히 정의롭지 않고 나쁘다.

또 어떤 사람의 삶을 구성하는 수많은 사회적 영역 중에서 불과 한두 영역의 문제라도 개인에 미치는 영향이 지대할 때 그가 마주하는 세상은 나쁘고 악하다. 김영하 소설가의 《퀴즈쇼》에는 이런 대목이 등장한다.

"우리는 단군 이래 가장 많이 공부하고, 제일 똑똑하고, 외국어에도 능통하고, 첨단 전자제품도 레고블록 만지듯 다루는 세대야. (…) 우리 부모세대는 그중에서 단 하나만 잘해도, 아니 비슷하게 하기만 해도 평생 먹고살 수 있었어. 그런데 왜 지금 우리는 다 놀고 있는 거야? 왜 모두 실업자인 거야? 도대체 우리가 뭘 잘못한 거지?"[3]

더 많은 교육을 받을 수 있고, 아프면 병원에 갈 수 있으며, 끼니를 거르지 않아도 되는 한국은 이 청년들에게 취업을 허락하지 않는 나쁜 세상이다.

따라서 나쁜 세상과의 싸움에 관해 이야기하기에 앞서 이런 질문을 짚는 게 합당해 보인다. 누구에게 나쁜 세상인가? 무엇을 기준으로 어떻게 나쁜가?

무엇이 나쁜가

세상의 좋음과 나쁨을 평가하는, 달리 말하면 사회적 환경을 가늠하는 기준을 사실 우리는 이미 갖고 있다. 정의, 평화, 민주주의, 법치, 안전, 윤리 등이다. 나는 이런 기준의 본질에 해당하는 것이 인간의 존엄이 아닐지 생각한다. **존엄**Dignity이란 감히 범할 수 없는 높고 엄숙함, 인간 존재의 훼손될 수 없는 성질, 인간성에 대한 존중과 신념을 일컫는다. 존엄은 인위적으로 부여되는 게 아니다. 박탈되지도 않는다. 내재적이며 보편적이다. 어떤 사회라도 그들이 따르는 수많은 규범을 초월하여 반드시 보호하고 존중해야 할 인류 공통의 가치다.

그러나 존엄을 선언한다고 하여 자동으로 우리가 존엄해지는 것은 아니다. 가족, 학교, 직장, 지역, 국가 등 다층의 공동체 속에 인간의 삶은 뿌리내리고 있기 때문이다. 즉, 존엄은 공동체 속에서 구현된다. 존엄의 선언보다 그 실현 과정이 중요해지는 이유다.

그리하여 존엄의 실현을 위해 "전 세계의 모든 사람들이 맺은 일련의 원대한 약속", 최소한의 행위 목록Minimum standards을 우리는 바로 **인권**Human rights이라 부른다.[4] 인간 존엄의 보장이라는 목적을 수행하는 "규범적, 도덕적, 법적, 제도적" 방법[5]이 인권인 셈이다. 따라서 인권은 결국 존엄을 부정하거나 훼손하는 사회적, 정치적, 문화적 문제가 발생했을 때 어떻게 행동할 것인가에 대한 방법을 제시해주는 개념이라고 할 수 있다. 여기서 핵심은 인권은 단지 관념적 가치에 머물거나 법적 규정의 한계에 갇히지 않으며, 문제적 상황에 대항하여 싸우기 위한 행위의 근거로 기능한다는 점이다.[6]

더하여 이런 인권적 행동이 맞서고자 하는 일련의 문제들을 우리는 **반인권**이라 부를 수 있다. 인권 영역에서 보통 '반(反)'이라는 접두사는 반(反)성폭력, 반(反)차별과 같이 인권에 대척하는 개념이나 행위, 현상에 붙여 인권적 대응을 표현하는 경우가 많다. 그러나 이 책에서는 혐오, 배제, 낙인, 차별과 같이 인간의 존엄을 훼손하는 사회적 기제機制를 통칭하기 위하여 반인권이라는 단어를 여러 차례 사용한다. 인권의 원칙들, 인간 존엄성을 표상하는 모든 권리는 모든 인간에게 동등하게 적용돼야 마땅하다. 그러나 실제 삶에서 수많은 사람들은 불평등과 차별을 겪는다. 물론 독자의 관점에 따라 나쁜 세상의 정의는 얼마든지 다를 수 있으나 여기서만큼은 반인권의 구동驅動을 나쁜 세상이라 부르고자 한다.

이 역동의
이름은

널리 알려진 세계적인 커피 프랜차이즈의 아시아인 차별 사례가 하나 있다. 서양권 국가에 위치한 영업점에서 종종 일어나는 사건. 아시아인 고객이 주문한 음료의 컵에 이른바 '찢어진 눈'을 상징하는 두 개의 사선을 점원이 그려 넣어 문제가 발생하곤 한다. 비하나 조롱의 의미다. 나 역시 캐나다에서 같은 일을 당한 적이 있다. 태국계 아일랜드인 수카바데 폴리도 마찬가지였다.[7] 수없이 반복되던 문제인데 언론은 그의 사건에 특히 주목했다. 법적 쟁송이라는 '싸움'을 통해 그가 1만 2,000유로를 배상받았기 때문이었다(한국 돈으로 약 1,600만 원이다).

나쁜 세상에 맞서는 행위는 다양하다. 카페에서 차별받는 이를 도와 주인에게 항의할 수 있다. 혹은 폴리처럼 법적 정의를 구하기도 한다. 사회적 차별 금지에 관해 공부를 시작할 수도 있다. 이것들은 개인적 행위다. 물론 사회적으로 중요한 의미를 갖거나 파장을 불러오기도 한다. 어쨌건 독립적이며 타인이나 조직에 비의존적이다.

반면 집단적 행동도 있다. 이는 보다 구조적이며 다른 행위자와 상호 의존적인 형태로 등장한다. 뜻을 같이하는 지역 커뮤니티 구성원들과 함께 여러 카페에서 벌어지고 있는 차별에 우려를 표명하는 서명 운동을 시작할 수 있다. 사회적 차별 금지를 위한 거리 행진에 나설 수도 있을 것이다.

아시아인 최초로 노벨 경제학상을 수상한 아마르티아 센Amartya Kumar Sen 교수는 경제학의 윤리성을 복원했다는 평가를 받는 인물이다. 그는 말이나 글과 같은 선언이 아니라 눈앞의 부정의를 제거하는 실천을 통해 정의에 가까워질 수 있다고 강조한다.[8] 인권 역시 실천적 개념이다. 부정의와 반인권을 제거하는 실천이라니 일견 거창해 보이지만 실은 위에 언급한 사례처럼 매우 다양하고 때론 일상적이기도 하다.

반인권에 맞서는 개인의 생각과 행위가 집단행동으로 이어지고, 이 집단행동이 구조와 지속성, 확장성을 가질 때 우리는 이를 **인권무브먼트**Human rights movement, **인권운동**이라 부를 수 있다. 노예해방운동, 민주화운동, 여성운동, 미투운동, 성소수자운동이 그러하다. 이 책에서 말하는 **나쁜 세상과 싸움**이란 결국 개인적 행위에서 인권무브먼트까지를 포괄한다. 나아가 나쁜 세상과 싸움이 보다 활발하고 힘찬 역동力動으로 존재하길 바라는 희망을 담고 있다. 그렇다면 인권적 역동에 관여하는 여러 요인, 개인적 인식에서 집단적 행동으로 나아가는 과정을 비롯하여 지속성 및 확장성의 담보, 구조화에 이바지하는 여러 층위의 힘은 핵심 소재라고 할 수 있다. 앞으로 전개될 이야기는 바로 이 소재들을 이정표로 삼는다.

인권무브먼트에 관한 이야기를 조금 더 해보자. 엄밀히 말해 인권운동과 여타 사회운동을 일반화하여 같이 보기는 어려운 지점이 있다. 예컨대 민주화운동의 경우 대체로 거대 규모의 운동 조직이 축을 이루며, 이를 지속하기 위한 자원 동원이 중요한 이슈였다. 또 정치적이고 권력 구조적인, 즉 거시적인 담론들이 운동의 직접적인 주제였다. 반면, 인권운동은 소규모로 진행되는 경우가 많았고, 약자와 소수자의 구체적인 삶과 생활 속 문제를 통해서 사회 구조의 근원에 접근하는 경향의 차이를 보여왔다.[9]

이런 차이에도 불구하고 한국 사회의 지난 역사 속에서 일제 강점에 항거했던 독립운동, 독재 권력의 압제에 대항했던 민주화운동, 부당한 정권의 퇴진 및 해체운동같이 워낙 강렬하고 압도적인 사회운동 경험이 축적되었기 때문에 사람들은 인권운동이라 할 때 뭔가 전격적인 행동만을 연상하는 측면이 있다. 이는 인권운동이 매우 넓은 스펙트럼을 가짐에도 때때로 참여의 진입 장벽을 높이고 '그들만의 리그'로 인식되어 일부 대중을 오히려 유리되게 만드는 결과를 낳기도 한다.

사회운동의 측면에서도 다시 생각해볼 여지가 있다. 국가마다 차이가 있지만 세계적으로 1960년대부터 본격적으로 발전한 사회운동은 계급 투쟁의 성격이 짙었던 과거에 비해 많은 변화를 보여왔다. 현대에 이르러 전형적인 계급 중심의 특성보다는 훨씬 광범위한 주체가 각자 고유한 위상과 정체성을 적극적으로 반영하는 방향으로 진화해 왔다.[10] 이 점은 오늘날 사회운동의 주제와 형태, 스펙트럼 역시 보다 넓고 확장적임을 의미한다.

　이 책의 밑바탕이 된 소수자 연구에 참여해준 많은 당사자는 '운동'이라는 말 앞에 어떤 결정적인 행위와 거대 담론만을 떠올리며 부담감을 표현했다. 따라서 나는 나쁜 세상을 바꾸고 싶은 더 많은 사람들의 더 폭넓은 의지를 포괄하기 위하여 인권운동, 인권무브먼트라는 말에 더하여 어찌 보면 감성적인 '나쁜 세상과의 싸움', '나쁜 세상에 맞서는 역동', '더 나은 세상을 향한 몸짓'과 같은 표현을 적극적으로 쓰고자 한다. 동시에 책 전반에 걸쳐 인권운동의 넓은 범주를 환기하여 오해를 바로잡아 나갈 것이다.

인권의 본질

우리가 손에 쥔 것

눈 가리고
코끼리 만지기

어느 지자체 인권위원회 첫 회의 자리였다. 한 인권위원의 일성은 이랬다.

"사실 세상에 인권 아닌 게 있나요? 알고 보면 전부 다 인권이라고 볼 수 있지."

당시 나는 귀를 의심할 수밖에 없었다. 또 있다. 청소년 재단의 이사회 자리. 청소년 인권과 관련된 사업을 주 업무로 맡는 직책을 없애자는 안건이 올라왔다.

"청소년 인권을 너무 강조하니 피해를 보는 사람들이 많습니다. 민원이 자꾸 들어와요. 모두 다 같이 공감할 수 있어야 인권인 거죠. 누구 편을 드는 게 무슨 인권인가요."

귀에 걸어도 인권, 코에 걸어도 인권이 되는 시대다. 특정 집단의 이권이 인권으로 둔갑하고, 다수결이나 사회적 합의가 인권과 뒤섞인다. 심지어 국가 폭력의 피해자 가족을 폄훼하는 발언, 소수자에 대한 혐오마저 표현의 자유라며 인권 소리를 듣는다. 차별을 옹호하는 것마저 인권이 될 판이다.

류은숙 인권활동가는 보편적 언어로써 인권은 텅 빈 그릇과 다르지 않다고 지적한다.[11] 인권은 꽤나 모호한 언어로 표현된 개념[12]이며, 심지어 혐오나 차별을 조장하는 집단이 가져다 멋대로 채워, 이것이 인권이라고 억지를 쓸 만큼 섬세하지 못하다. 마치 눈을 가리고 코끼리를 만지는 것처럼. 그리하여 발톱을 더듬은 이가 코끼리는 딱딱한 껍질을 둘렀다, 꼬리를 쥔 이가 코끼리의 몸통은 뱀같이 가늘고 길다고 주장하는 것처럼.

보편적 언어로써 인권의 모호함은 크고 작은 오해를 낳는다. 그러나 이 말이 인권 개념 자체가 모호하여 무엇이든 인권이 되고, 세상에 인권 아닌 게 없다는 뜻은 아니다. 바로 이점이 더 기민하게 우리가 인권에 접근해야 하는 이유다. 인권이 사회적으로 유용성을 가지려면 도대체 다른 사회적 가치와 무엇이 다른지에 관한 구분이 반드시 필요하다.

'인권이란 무엇인가?'라는 질문 앞에 철학, 법학, 정치학, 인류학 등의 답변은 조금씩 다를 수 있다. 특히 이 책에서 방점을 찍고 있는 사회적 행동의 근거이자 동력으로써 인권은 법적 영역의 인권 규정과 제법 차이가 있다. 사실, 무 자르듯 인권인 것과 아닌 것을 구분하는 건 거의 불가능에 가깝다. 그럼에도 불구하고 인권에 대한 그간의 뿌리 깊은 오해를 탐색함으로써 본질에 접근할 수 있지 않을까 기대해본다. 적어도 반인권을 인권으로 착각하는 일만큼은 피하기 위해서 말이다. 이제 하나씩 짚어보자.

국가를 말하다

연말 성금 모금 방송을 보는 중이다. 안타까운 사연이 소개되면 이어 가수의 애절한 노래가 울려 퍼진다. 사람들의 온정이 하나둘 이어지고 기부금이 올라간다. 나보다 어려운 사람을 향한 관심과 사랑. 인간다운 삶을 응원하는 이웃의 손길. 이 장면만 보면 인권이란 결국 함께 잘사는 세상을 위해 약자를 배려하는 마음이라는 것을 의심할 수 없을 듯하다.

여러 조직에서 인권을 강연하는 동안 반복적으로 확인할 수 있던 것이 하나 있다. 많은 학습자가 약자에 대한 개인적 배려, 도움같이 사회 구성원과 구성원 간 관계 속에서 인권을 이해한다는 점이었다. 과연 그럴까? 북유럽 인권대학원에서 함께 연구를 진행했던 다른 아시아 지역 출신 시각장애인 S는 내게 다음과 같이 말한 적이 있다.

"고향에서 나는 차를 탈 때, 일을 구할 때, 식당에 갈 때 사람들의 이해와 배려에 기대야 했어. 인권을 누군가의 선의에 호소한다는 건 실은 비참한 일이야."

성금 모금 방송을 비판하려는 게 아니다. 그러니 이렇게 고쳐 묻자. 인권의 본질은 정말 이웃에 대한 우리 각자의 온정 속에 있는가?

인권에 대한 가장 흔한 오해는 그것이 마음가짐에 관한 규범이라는 인식이다. 그렇지 않다. 인권은 특정 대상을 책무자責務者로 규정하고 의무를 부여하는 개념이다. 즉, 개인이나 조직의 자발적 선의에 기대지 않는다는 말이다.

관련하여 조효제 성공회대 교수는 흥미로운 비유를 들어 설명한다.[13] 무인도 표류기로 잘 알려진 영국의 소설 《로빈슨 크루소》. 배가 폭풍우에 난파해 섬에 갇힌 주인공 크루소처럼 아무도 없이 홀로 생존하는 사람을 가정하면 과연 그에게 인권이 있다고 볼 수 있을까? 안타깝게도 그에게는 자신의 인권을 요구할 상대가 존재하지 않는다. 책임을 물을 상대, 즉 인권의 책무자가 없다면 도대체 어떻게 인권이 성립될 수 있는가.

그럼 이제 책임을 부여받은 대상이 중요해진다. 인권은 핵심 책무자가 국가 권력임을 명백히 밝힌다. 이를 **국가책무성** State Human rights obligations이라고 한다.[14] 국제 조직, 범국가적 위기, 막강한 영향력의 글로벌 기업 등 국가 단위를 넘어서는 집단이나 문제의 등장에 따라 책무자를 확장하며 인권 시스템도 진화해 왔다. 그러나 실질적 인권 책무의 중심에 국가가 있음은 변하지 않는다. 우리 한 사람 한 사람Rights-holder은 최소한의 존엄을 지키기 위해 인권을 갖는다. 국가Duty-bearer는 바로 그 권리를 확인하고 보호할 의무를 진다. "국가의 존재 이유는 인권실현"[15]에 있으며, 국가책무성을 떼어놓고 인권을 말할 수 없다는 점에서 선의, 온정, 사랑 같은 개인적 혹은 사회적 덕목과 인권은 분명히 다르다.

책무자만 쏙 빠진 자리에는

두 가지 사례를 통해 국가책무성을 조금 더 들여다보자. 지난 사건들이지만 시사하는 바가 크기에 당시 상황을 중심으로 짚어본다. 먼저, 인천공항 비정규직 노동자의 정규직 전환을 둘러싼 갈등 사건. 우리 사회에서 정규직 문제는 남다른 의미를 갖는다. 고용 불안, 하도급 등 노동뿐 아니라 비정규직에 대한 배제와 차별까지 광범위한 인권 이슈와 맞닿아 있기 때문이다. 지난 2000년 이후 정규직 전환은 한국 노동운동의 가장 중요한 의제였다.

인천국제공항공사에서 보안 검색 노동자를 정규직으로 전환하는 결정은 그런 의미로 노동자 당사자에게는 물론이고 이제 노동자로서 삶을 시작해야 하는 청년들에게 역시 환영받을 것으로 여겨졌다. 그러나 엉뚱한 논쟁이 일었다. 보안 검색 노동자들이 공채를 거치지 않았는데 정규직이 되는 것이 오히려 공채를 준비하는 청년들의 기회를 박탈한다는 주장이 터져 나온 것이다. 보안 검색 노동자의 연봉을 둘러싸고 가짜 뉴스가 일파만파로 퍼지면서 거저먹는다는 험한 말이 쏟아졌고 정치적 공세가 이어졌다.[16] 이른바 '인국공' 사태다.

인천국제공항은 그간 비용 절감을 이유로 비정규직을 양산해 왔었다.[17] 정부는 이를 조장하거나 방치했다. 국가 권력으로 통칭되는 이들에 관한 얘기는 어느 순간 사라지고 인국공 사태의 논란 속에는 보안 검색 노동자들에 대한 분노와 이들을 비난하는 청년에 대한 비판만이 맞물렸다. 보안 검색 노동자들은 공채 준비생의 밥그릇을 빼앗는 파렴치한인가? 아니면 이들을 비난하며 역차별과 불공정을 주장하는 청년들이 몰지각한가? 결국 사건의 정중에 국가는 오간 데 없고 오직 노동자와 청년만이 '이기적인 인간'으로 남게 되었다.

다른 사례는 지하철역 장애인 시위에 관한 것이다. 국내 장애인 이동권 투쟁은 2001년 오이도역에서 휠체어 리프트를 이용하던 장애인 노부부가 추락하여 사망(1명은 심각한 부상을 당했다)하는 참사가 발생하며 본격화됐다. 장애인의 이동권 투쟁은 저상버스 도입, 지하철역 엘리베이터 설치와 같이 장애인뿐 아니라 시민의 이동권 증진이라는 결과를 낳았다.[18] 사회적 약자, 소수자를 위한 조치가 모두의 인권증진으로 이어지는 커브컷Curb-cut 효과다.[19]

장애인 이동권 투쟁의 방식은 지하철 선로와 같은 대중교통로의 점거, 다이인Die-in(시위 현장에서 참가자들이 누워 벌이는) 퍼포먼스 등 다양하다. 특히 시위 참가자들이 일렬로 지하철을 타고 내리면서 시민의 관심을 촉구하고 당국에 이동권 보장의 인권책무 이행을 요구하는 지하철 탑승 투쟁이 우리에게 잘 알려져 있다.

그런데 난데없이 이 시위가 사회적 논란의 복판에 서게 된다. 출퇴근 시간 시위 과정에서 지하철 운행이 지연될 수밖에 없는데 어느 유력 정치인이 부조리한 행위라고 비판하며 첨예한 논쟁이 일었다. 현장에서는 시민들의 분노가 시위 참가자들에게 쏟아졌다. 장애인을 향해 물병이 날아들고, 온갖 욕설과 혐오 발언이 난무했다.[20] 그러는 사이 장애인과 시민의 갈등이 사태의 본질인 양 언론에 보도되기 시작했다.

문제를 촉발한 정부와 지자체의 무책임, 약속불이행은 그 사이에 가려졌다. 지하철이 늦는다고 장애인을 향해 적의를 쏟아내는 저이들의 행동은 얼마나 무지몰각한가? 아니면 바쁜 시간에 지하철을 몇십 분씩 연착시키며 투쟁하는 장애인들의 행동이 무례하고 비상식적인가? 이 역시 문제의 중심에 장애인과 시민만이 '못된 인간'으로 남을 뿐이었다.

둘 중에 누가 맞는가, 무엇이 왜 옳은가를 따져보려는 게 아닙니다. 저 싸움에 노동자와 청년, 장애인과 시민(이 이분법도 도저히 말이 되지 않는다)을 세워두고 뒤로 쏙 빠진 국가 권력을 봐야 한다는 말이다. 인권과 반인권의 대립, 약자와 약자의 충돌을 방치하며 '민민갈등'으로 왜곡하고 소위 중재자를 자처하는 국가 권력[21]을 소환하지 않고서 우리는 이 문제들을 결코 인권적으로 해석할 수 없다.

자극적인 언어와 소란 속에 국가의 책무는 쉽게 가려져 왔다. 인권의 보유자인 약자 대 약자, 소수자 대 소수자, 시민 대 시민의 갈등이 여론의 주목을 받는다. 서로가 서로의 가해자로 또 피해자로 얽혀 든다. 마치 인권에 대해 해석을 달리하는 사람들 간의 충돌인 듯 사안은 변질된다. 명백히 현대의 인권개념은 국가 권력과 시민 사이의 관계에 뿌리를 두고 있으며[22], 인권개념의 왜곡은 대체로 국가책무성이라는 본질을 도외시하며 발생한다. 어떤 사건이나 문제를 바라볼 때 국가 권력의 책무를 중심에 놓고 접근하지 않으면 인권적 사유가 불가능한 이유다.

인권의
특성들

국가책무성을 바탕에 두고 이제 인권의 고유한 특성들을 짚어 보자. 제일 먼저 인권의 도덕성Morality과 제도를 초월하는 우선성Priority을 들 수 있다. 인권은 다른 무엇도 아닌 인간의 도덕적 본성, 인간성 자체에 근원을 둔다. 때문에 정치적, 사회적, 문화적, 법적 제도를 초월하여 존재한다. 즉, 인권에는 특정 국가의 제도와 실정법에 앞서는 우선성이 부여된다.[23] 인권의 지위를 보여주는 특성이다.

동시에, 인권의 도덕성과 우선성은 인권이란 특정 인간이나 집단, 결사체에 의해 별도로 주어지는 것도 아니고 빼앗기지도 않는다는 점을 의미한다. 어떤 합의, 권위에 의해 인정되어야만 인권이 존재하는 것이 아니며, 따라서 인권은 법적 결정, 다수의 찬성, 정치적 의결, 사회적 합의를 통해 정당성이 부여되는 개념이 아니다. 이 특성은 인권은 따로 제공되는 것이 아니라 우리가 이미 갖고 있는 것이라고 설명한다. 인권을 보장받고자 하는 일련의 행동은 존재하지 않는 인권을 새로 획득하려는 바가 아니다. 이미 가졌기에 향유할 수 있어야 함에도 그렇게 하지 못하도록 막고 있는 반인권의 문제들을 해결해 나가는 것이다.

다만, 도덕성, 우선성과 초월성으로 인해 인권이 여타의 모든 가치, 모든 규범보다 절대적으로 언제나 우월하다는 의미로 받아들여져서는 곤란한 측면이 있다. 타인의 인권을 침해하는 경우 등 불가피하게 인권의 향유를 제한해야 할 상황이 발생하기 때문이다. 따라서 인권의 도덕성, 우선성, 초월성은 인간의 존엄을 보호하기 위해 인권이 상시 최우선, 최중심으로 고려돼야 한다는 뜻으로 해석할 수 있다. 인권의 향유를 제한할 때는 도저히 제한하지 않을 수 없는 매우 중대한 이유, 엄격한 절차, 기준이 꼭 필요하다는 의미이기도 하다. 아울러, 이때의 제한은 한시적, 최소의 제한이어야 하며 인권의 향유를 불가피하게 제한하는 경우라도 평등권과 같은 인권의 본질을 침해할 수는 없다.[24]

다음으로 검토할 특성은 인권의 **보편성**Universality이다. 인권을 향유하는 주체는 모든 인간이다. 인권은 인종, 피부색, 성, 언어, 종교, 정치적 견해 또는 그 밖의 견해, 출신 민족 또는 사회적 출신의 높고 낮음, 재산의 많고 적음, 혈통이나 가문, 그 밖의 지위 등에 따른 어떠한 구분도 없이 모든 인간에게 동등하게 적용되기 때문에 보편적이다. 우리가 인권에 대하여 아마도 가장 많이 들어본 말일 텐데, 나는 사실 보편성의 진의는 저 문장 뒤에 살짝 가려졌다고 생각한다. 내가 처음 인권에 관심을 두게 된 계기도 바로 이 점 때문이었다.

인권 보편성은 나 혹은 당신이 존엄한 삶을 살아감에 있어 우리가 이른바 모범 시민이 되지 않아도 괜찮다는 뜻이다. 어떤 시대나 공동체의 구성원들이 바람직한 인간의 모델이라고 합의하거나 규정한 모형, 다수나 주류를 이룬 인간의 규격에 순응하거나 맞춰 살아야만 인권이 보호받는 게 아니다. 우리를 고유하게 만드는 숱한 정체성, 나를 나이게, 당신을 당신이게 만드는 수많은 내적 외적 요인들이 다수의 것과 다르다는 이유로, 사회 기득권의 가치에 부합하지 않는다는 이유로 우리의 존엄이 훼손되어서는 안 된다. 어떤 후천적 기준을 충족했느냐 여부에 인권은 좌우되지 않는다.[25]

이제 마지막으로 **상호의존성**Interdependence과 **불가분성**Indivisibility을 짚어보자. 인권 개념을 대체로 안다고 해도 가장 많이 오해하는 특성이기도 하다. 생명권, 거주 이전의 자유, 참정권, 표현의 자유 및 집회 결사의 자유, 법 앞의 평등, 교육권, 문화권 등 인권의 목록들을 보면 마치 인권이란 하나하나 개별적으로 존재하는 여러 권리의 총합인 것으로 받아들일 위험이 있다. 그러나 우리가 인권을 나눠 접근하는 이유는 인권보장을 위해 그나마 가장 효과적인 방편이기 때문이다.

본질적으로 인권은 조각조각 분절될 수 없다. 상호의존성과 불가분성이란 개별 권리들이 서로 긴밀하게 연결되어 있기에 한쪽의 인권침해는 필연적으로 다른 쪽의 인권침해로 이어질 수밖에 없으며, 따라서 모든 권리를 유기적, 통합적으로 봐야 한다는 말이다. 비록 현실 세계에서 우리는 모든 인권을 담보하기 힘든 한계에 갇혀 있지만, 여러 권리는 서로를 지탱하여 함께 존재하는 유기체적 권리Organic rights이며, 서로가 긴밀하게 연결Related rights되었기에 권리 일부의 구현만으로 인권이 보장되었다고 말할 수 없다.[26] 인권의 상호의존성과 불가분성을 꼭 기억하면 좋겠다. 책 전반에 걸쳐 다룰 여러 개념, 인권과 반인권 기제, 사례들이 모두 여기에 연결된다.

인권을 밀고 끌며 약동하는 힘

하지만 이런 특성을 천명한다고 하여 인권이 완성되는 것은 아니다. 사례를 하나 살펴보면 좋겠다. 잠시 아프가니스탄으로 가보자. 탈레반 정부 수립 이후 아프간 여성의 인권은 극도로 위축되어 왔다. 초등 교육 이후의 여성 교육은 허용되지 않으며, 고용이 제한되고, 공공장소에 대한 접근도 차단됐다. 심지어 여성들이 사용하는 건물에 창문 설치를 금지하는 명령까지 내려지기에 이른다.[27]

그런데 그에 앞서 지난 2021년, 아프간의 1970년대 거리를 찍었던 사진 한 장이 공개되며 세계적 반향이 일었다. 세 명의 여성이 베일로 몸을 가리지 않은 채 미니스커트를 입고 당당하게 카불 시내를 활보하는 사진이었다. 이 사진을 통해 여러 언론은 1920년대에 이미 여성의 참정권을 보장하고, 1960년대에는 헌법에 양성평등권을 명시했던 아프간의 과거를 조명했다. 인권이란 하늘에서 거저 내려주거나 땅에서 불뚝 솟은 게 아니라 인류와 함께 역사 속에서 쉼 없이 요동쳐 왔음을 보여준다.[28]

인권의 도덕성, 우선성, 보편성을 부정하는 세력 앞에 인권은 무슨 힘으로 맞서는가. 인권의 특성을 본질의 전부라고 단정하면 지금까지 인권의 발전을 견인해온 수많은 이들의 역할과 헌신을 간과할 위험이 있다. 존엄과 인권은 현실 세계에서 선언만으로 실현되지도, 보장되지도 않는다. 도덕성, 우선성, 보편성과 같은 인권 특성은 인간이란 존재가 무결하다는 뜻이 아니다. 인권이 이미 완전하다는 의미는 더더욱 아니다. 인권의 철학적 정당성이나 존재론적 토대에 대한 의문, 불가분성 등 일부 특성의 논리적 모순, 권리와 권리 사이의 충돌 문제를 비롯하여 인권 개념의 불완전성에 대한 논쟁은 인권 이론 연구에서 계속돼 왔다.[29] 바로 이 점은 역설적으로 인권의 보유자이며 주체인 한 사람 한 사람의 자각과 의지, 행동이 인권에서 얼마나 중요한지를 보여준다. 인권은 "현재도 끊임없이 진화하고 있는 형성적 가치"이며[30], 반인권에 맞서는 부단한 싸움이 그 형성을 견인해온 것이다.

이에 비춰 인권의 본질과 함께 우리가 꼭 기억해야 할 전제가 하나 있다. 인권의 어떤 특성도 인권의 보유자가 다른 보유자의 인권을 침해하는 데 악용될 수 없다는 점이다. 그 누구도 남의 인권을 빼앗아 가져다 자신의 인권을 담보할 수 없다.[31] 인권은 이 역시 분명히 한다.

인권감수성

자꾸 번지는 마음

슬픔을
알아채는 일에서

지금은 돌아가셨지만 어머니가 암으로 투병을 이어가는 동안 나는 3년여 시간을 대부분 병원에서 보냈다. 당시 키오스크가 적극 도입되고 있었는데, 키오스크 대수가 늘어날수록 대면 창구와 안내 직원의 수는 줄어갔다. 처음엔 편리하고 이상할 것이 없었다. 그런데 어느 순간 키오스크 앞에서 한참을 서성이는 노인 보호자들이 눈에 들어오기 시작했다. 그들은 주저하며 젊은 사람에게 도움을 청하거나 뒷사람 눈치를 보다가 물러나 안내 창구 번호표를 뽑아 들었다. 시간이 지날수록 더 오래 기다리는 것은 점점 노인 보호자들의 몫이 되었다. 비슷한 광경을 카페에서, 식당에서, 공항에서 목격한다. 내게는 아무렇지 않은 일, 오히려 더 편리해진 일이 누군가에게는 정반대의 상황이 되었다.

지하철역에 대해서도 생각해 보자. 열차가 도착하면 스크린도어가 열리고 분주히 사람들이 오간다. 탑승하는 지하철과 승강장 사이 고작 몇 센티 안 되는 발아래 단차에 주목하는 사람은 많지 않다. 지하철을 이용하는 대부분 성인에게 문제 될 게 없기 때문이다. 그러나 이 단차를 '크레바스Crevasse'라고 부르는 사람들이 있다. 빙하가 갈라져 끝을 모르고 추락할 수 있는 위태롭고 좁은 틈이라는 뜻이다.

"방금 전에도 나는 또 한 번 죽을 뻔했다!"

어느 장애인의 외침이다.[32] 한 번이라도 틈에 휠체어가 낀 장애인이라면 단차의 크기가 얼마나 공포스러운지 알게 된다. 수많은 장애인이 단차가 적은 정거장을 찾아 먼 길을 돌아간다. 내게는 아무것도 아니지만 누군가에겐 존엄을 훼손하는 사안이다.

이렇게 약자와 소수자에게 중요할 수 있는 문제를 감각하고 인권적으로 해석하는 힘을 **인권감수성**Human rights sensitivity이라고 부른다. 국가인권위원회의 〈인권감수성 지표 개발연구〉에서는 다음과 같이 정의한다. 인권감수성은 "인권문제가 개재되어 있는 상황에서 그 상황을 인권 관련 상황으로 지각하고 해석하며, 그 상황에서 가능한 행동이 다른 관련된 사람들에게 어떠한 영향을 미칠지를 알며, 그 상황을 해결하기 위한 책임이 자신에게 있다고 인식하는 심리적 과정"[33]이다.

결국 인권감수성이란 인권적 발견에 관여하는 힘이다. 나쁜 세상에 맞서는 싸움을 말하기에 앞서 "무고한 타자"의 울음과 고통 앞에 공명하는 불의감[34]이기도 하다.

이 책의 서두에 나는 '사회적 울음을 감각하는 것으로부터 우리의 시작이 있지 않겠는가'라고 적었다. 애덤 스미스와 신형철 문학평론가의 다음 말을 빌려 이야기를 이어가면 좋겠다. "인간은 내일 자신의 새끼손가락이 잘리게 돼 있다면 오늘 잠을 못 자겠지만 지진으로 어느 대륙에서 수많은 사람이 죽었다는 소식에는 동요 없이 곤히 잘 수 있다"고 했다. 약자와 소수자의 눈물에 대한 민감성은 "타고나는 것이 아니라 길러지는 것"이며, 어쩌면 인간이 배우기 가장 어려운 게 바로 타인의 슬픔[35]일지도 모른다.

반인권에 대한 통찰까지

한 공동체가 어떤 수준을 가진 곳인지 보려면 그 공동체에 속한 구성원 중 가장 약한 사람들을 어떻게 대하는지 보면 된다는 말이 있다. 마찬가지로 한 인간의 수준이 궁금하다면 그가 하루 동안 만나는 사람 중에 가장 약한 사람을 어떻게 대하는

지 보면 된다. 그런데 이 말을 약자나 소수자에 대한 연민, 도움으로 오해하며 인권감수성이라고 생각하는 경우를 종종 볼 수 있다. 인권감수성에서 말하는 인권적 인식이란 약자와 소수자를 동정과 시혜의 대상으로 바라본다는 의미가 아니다. 인권감수성은 '약자와 소수자의 감각으로 문제에 다가서는 힘'이라고 봄이 타당하다.

뿐만 아니라 인권감수성은 자기 자신에 대한 통찰이다. 우리는 인권의 문제 앞을 매일 지나고 있다. 우리 자신이 바로 인권을 침해받는 피해 당사자일 수 있다. 때론 인권의 적극적 옹호자 혹은 발화자가 되기도 한다. 반면 무관심과 몰이해로 모르거나 모른 척할 수도, 방관자나 가해자로 인권을 마주할 수도 있다. 내가 언제든 혐오와 배제, 차별과 같은 반인권적 행위의 주체가 될 수 있다는 위험을 아는 것 역시 인권감수성의 핵심이다.

여기서 한 걸음 더 나아가 이런 자각은 내가 속한 공동체로 확대돼야 한다. 인권감수성이란 일견 무작위적이고 개별적인 듯 보이는 인권침해 사건들을 사회 구조 속 시스템이 가진 폭력성 위에서 읽어낼 수 있는 문해력[36]이기도 하다. 특히 인권감수성은 시스템을 만들고 유지시키는 공동체적 가치, 공동체를 지배하는 집단적 신념에 대해서 우리가 질문하고, 의심하고, 비판하는 힘과 맞닿아 있다.

여기 세계 최초로 동물보호법을 제정한 남자가 있다. 그의 꿈은 화가였다. 예술가로서 삶을 상상하며 도시에 왔으나 경제가 심각하게 침체된 상황에서 생계 문제를 해결하기 어려웠다. 구직난 때문에 취업도 쉽지 않아 노숙 생활을 피할 수 없었다. 그러다 전쟁이 발발하자 참전해 조국을 위해 싸웠고, 이후 정치의 길에 들어서 종국에는 국정 최고의 자리에 올랐다. 모두가 잘 아는 인물이다. 누구일까?

답은 히틀러다. 많은 이들이 히틀러를 인간성이 없는 인면수심의 학살자로 생각하지만 그는 자신이 속한 공동체의 미래에 관해 나름의 논리적 신념, 인간적 삶의 서사를 가진 사람이었다. 또 그 당시 독일 시민들 대부분 역시 상당한 수준의 교육을 받았고 적어도 도덕과 비도덕을 분별할 수 있는 사람들이었다. 그런데 어떻게 홀로코스트와 같은 끔찍한 대학살이 가능했는가? 히틀러와 나치즘, 또 이를 방관하거나 지지하고 동조했던 시민에 관한 수수께끼는 인권담론의 중요한 화두가 되었을 뿐 아니라 인권이 전 지구적 개념으로 부상하는 결정적 계기가 되었다.

결론이 있다고 단정하기는 어려우나 우리는 반인권에 대한 사유를 통해 그 단초를 찾아볼 수 있다. 우선, 당시 독일의 사회적 상황에 대한 이해가 필요하다. 제1차 세계대전 이후 독일의 경제는 급격하게 몰락했다. 정부 재정은 바닥나고 전쟁 배상금을 비롯 천문학적인 부채가 쌓였다. 전쟁으로 파괴된 기반

시설의 복구는 엄두도 내기 어려운 실정이었다. 독일 정부는 면밀한 재정 계획 없이 돈을 무분별하게 찍어냈고 감당하기 힘든 인플레이션과 화폐 가치 추락으로 이어졌다. 이런 위기 속에 집권한 것이 히틀러였다.

경제 재건을 약속하며 통치 권력을 잡았으나 달리 뾰족한 수가 없었다. 국민적 비판과 지지 기반 이탈을 마주하자 히틀러와 나치는 사회적 분노를 흡수할 내부의 적을 만든다. 이른바 순수한 독일인을 착취하고, 복지를 갉아먹고, 독일인의 우월성을 훼손하며 공동체를 더럽히는 유대인, 장애인, 동성애자였다. 물론 이들 약자와 소수자에 대한 공격은 히틀러라는 정치가의 등장 초기부터 대중적 인기의 근간이었으나, 더욱 노골적이 되었다. 나치의 선동은 구직난과 극심한 인플레이션, 경제적 위기에 삶이 핍박해진 독일 국민에게 대단히 유효했다. 유대인, 장애인, 동성애자의 제거는 독일을 위해 필요하고 감내해야 하는 조치라는 집단적 신념을 구성하며 끝내 대학살의 참극으로 귀결됐다.[37]

이 만행의 근본은 무엇인가. 여기에 깃든 악을 우리는 어떻게 해석해야 하는가. 독일의 철학자 한나 아렌트Hannah Arendt는 악의 평범성Banal evil을 통해 접근한다. 유대인 당사자이기도 했던 그는 사실 악의 평범성에 앞서 악의 급진성Radical evil을 설파한 바 있었다. 세상에는 범죄의 차원을 넘어서는 급진적인 절대악이 있다며 히틀러와 나치즘의 전체주의를 급진적 악으로 규정했던 것이다. 급진적 악은 이해할 수도, 설명할 수도 없는 것이었다. 그러나 나치 전범 아돌프 아이히만의 재판을 가까이 지켜본 후 한나 아렌트는 악의 급진성을 벗어나 평범하고 심지어 사소하기까지 한 악의 근원에 대해 고민한다. 그 결과 주창한 악의 평범성은 악행에 일말의 위대성을 부여하는 것에 경계하며 반인권적 행위에 숨어 있는 성찰의 부족, 사유의 결여 Thoughtlessness를 짚어낸다.[38]

나치시대 경제 위기 속 조작된 약자와 소수자 혐오는 집단적 신념을 구축하며 공동체 구성원의 인권적 사유를 마비시켰다. 그 어떤 이성적인 사람도 집단적 신념 속에서 쉽고 무력하게 인권유린의 주동자, 동조자, 방관자가 될 수 있다. 집단의 가치를 비판 없이 받아들이는 게 얼마나 잔혹할 수 있는지를 보여준다. 그만큼 집단적 신념이 인권에 끼치는 영향은 지배적이다.

여기서 우리가 경계할 점은 인간은 결국 거대한 기계 속 톱니바퀴 중 하나일 뿐이라며 구성원들의 반인권 행위에 면피의 구실을 주어서는 안 된다는 것이다.[39] 이 점을 분명히 전제하고 개개인의 인권적 사유가 갖는 힘에 주목해야 한다. 인권감수성이란 결국 가깝게는 약자와 소수자의 슬픔, 불편을 감각하는 일이면서, 자신의 행위를 점검하는 거울인 동시에 공동체적 가치와 신념, 구조와 시스템의 반인권적 구동에 대한 통찰까지 이어지는 힘이다.

인권감수성의 성장

이쯤에서 독자는 아마도 이런 질문을 가질 것 같다. '그럼 인권감수성은 어떻게 자랄 수 있을까?' 보통 인간의 성숙함을 '성장한다'고 표현한다. 인권감수성 키우기 혹은 높이기를 두고 함양, 증진, 육성, 향상 등으로 부르지만 나는 성장이라는 말을 우선하여 쓰고 싶다. 인권감수성이란 사회적 요구나 개인적 필요에 의해 길러야 하는 덕목, 혹은 역량이 아니다. 한 인간으로서의 자람과 성숙이라고 믿기 때문이다.

인권감수성이 성장하려면 제도적, 정책적, 교육적, 조직적, 개인적 접근이 포괄적으로 필요하다. 여기서 세세히 다루기에는 간단치 않은 문제다. 대신 사회적 접근과 개인적 접근으로 나눠 몇 가지 측면이라도 살펴보고자 한다.

우선 인권교육가의 입장에서 접근해보자. 인권감수성의 성장을 위해 생애 전 주기를 고려한 체계적이고 통합적인 인권교육은 반드시 필요하다. 인권교육은 인권에 대한 학습과 공감을 통해 인권침해 및 차별 행위를 사전에 예방하고 인간의 존엄을 중심에 둔 문화를 구축한다. 개인의 자각부터 공동체에 대한 통찰까지 인권감수성의 성장을 직접 목적하는 교육이 인권교육인 셈이다. 이때 인권, 약자와 소수자를 단순히 언급한다고 모두 인권교육이 되는 것은 아니다. 인권에 관한 지식, 인권 기준 및 원칙을 다루는 '인권에 관한 교육Education about Human rights'인 동시에, 그 과정에서 교육자와 학습자 모두가 권리를 존중받는 '인권을 통한 교육Education through Human rights'이어야 하고, 궁극적으로 공동체 인권의 증진에 기여하는 '인권을 위한 교육Education for Human rights'이어야 한다.[40]

이때 인권교육의 방법은 교과수업이나 강의와 같은 형식 교육Formal education에만 국한되지 않는다. 토론, 워크숍, 체험활동 등 다양한 비형식 및 무형식 교육Nonformal & Informal education까지 확장될 수 있다. 예컨대 패럴림픽 종목을 인용한 고등학교 체육활동, 장애 아동의 체육교실 지원 활동 등에서 모두 유의미한 인권감수성 성장의 결과가 나타났다. 여러 연구는 유아교육부터 기초 및 고등교육, 시민교육, 공무원, 법집행관 및 군인 등의 훈련 프로그램에 이르기까지 인권교육의 필요성과 효과성을 밝힌다.[41]

다음으로, 보호나 지원이라는 명목으로 약자와 소수자를 구분하여 공동체로부터 분리하는 제도의 개선을 생각해 볼 수 있다. 특정 집단을 지역 사회와 동떨어진 대규모 시설에 거주시키는 정책, 장애 아동과 비장애 아동의 분리 교육 등이 대표적이다. 이런 조치는 공동체에 포함될 수 없는 존재로 약자와 소수자를 끊임없이 타자화한다. 보이지 않는 사람, 일상에서 만나거나 교류하기 힘든 사람에게 공감하고 동질감을 갖는 건 쉽지 않은 일이다. 약자와 소수자를 분리, 배제하는 제도를 개선하는 것은 사회 구성원의 인권감수성 전반을 성장시킬 수 있다. 이 문제는 3장(비가시성)과 4장(가시화)에서 보다 깊이 다룰 예정이다.

이어, 역사적 사건, 노동, 장애 등 인권문제를 다루는 문학, 영화, 연극과 같은 문화 예술 콘텐츠의 생산과 유통을 정책적으로 지원 및 강화할 필요가 있다. 문화 예술은 향유자로 하여금 피해자 대 가해자, 처벌 대 보상이란 이분법적 사고에서 벗어나 인권 사안을 바라보고 고민하게 만든다. 더 공감각적으로 인권의 주체, 약자와 소수자에 몰입하고 연결되도록 돕는다.[42] 문화 예술의 언어는 보다 낮은 진입 장벽으로 보다 많은 공동체 구성원의 풍부하고 일상적인 인권적 사유를 촉진하여 인권감수성을 성장시킨다.

한편, 이 책을 읽는 독자 개인으로서, 나 혹은 가족이나 동료의 인권감수성 성장을 고민한다면 세 가지 방법 정도를 우선하여 추천하고 싶다. 첫째, 지역 공동체에서 진행 중인 시민 인권교육에 학습자로 참여하는 일이다. 전국 많은 지자체, 기관이 정기적으로 시민 대상의 인권교육을 진행한다. 도청이나 시청, 구청에 문의해볼 수 있다. 교육가의 역량에 따라 인권교육의 내용과 효과가 천차만별인 한계가 있으나 한두 번에 그치지 말고 다양한 인권전문가의 여러 인권교육에 지속적으로 참여한다면 상당 보완할 수 있을 것이다.

둘째, 인권 관련 비정부 기구나 단체의 모임에 직접 참여해 보는 일이다. 인권운동사랑방, 차별금지법제정연대, 노들장애인야학 등 수많은 인권조직은 자원활동가를 상시 모집한다. 또 여러 단위의 모임을 연중 개최한다. 여기에 직접 참여하는 경험은 인권감수성을 넘어 이 책의 후반에 다루게 될 네트워크와 커뮤니티, 정체성의 연결까지 이어진다.

셋째, 일상생활에서 혹은 언론을 통해 어떤 사건이나 사고를 접할 때, 정치적 논쟁이나 국가 정책을 마주할 때 몇 개의 질문을 던짐으로써 인권적 사유에 가까이 갈 수 있다. 한나 아렌트가 말했던 사유의 부재는 곧 질문의 부재이기도 하다. 다시 말해, 질문의 시작이 곧 인권감수성의 발아이다. 묻지 않는다면, 혹은 물음이 바르지 않다면 우리는 결코 개인적, 사회적 문제 속에 숨은 반인권을 경계하기 어려울 것이다. 구체적으로 이런 질문이 유효할 수 있다.

이 사건, 논쟁, 정책, 의제, 현상, 행위 속에서:
- 약자와 소수자는 누구인가?
- 약자와 소수자는 무엇을 주장하는가?
- 약자와 소수자의 목소리는 어떻게 드러나는가?
- 약자와 소수자의 목소리가 들려질 수 있는 구조와 시스템인가?

나는 인권이 세발자전거를 타고 나아간다고 생각한다. 어떤 위력과 권세 앞에서도 훼손될 수 없는 인간 존엄에 대한 확고한 의지, 그 존엄을 실현하기 위해 인권을 인권이게 하는 특성과 레짐Regime(구속력을 갖는 것으로 받아들여지는 일련의 인권규범과 제도)[43], 이를 견인하며 반인권에 맞서는 행위가 세 개의 바퀴다. 인권의 본질이 개인의 태도에 있다고 말할 수는 없으나 역설적이게도 인권의 오늘을 이룬 것은 그 개인들의 행동과 연대였다. 인권감수성은 이런 행동과 연대의 밑거름이다.

끝으로 한 번 더 강조하고 싶은 것이 있다. 일부 논문이나 연구, 심지어 인권교육에서조차 인권감수성의 성장을 마치 약자나 소수자에 대한 배려심의 함양으로 해석한다는 게 심히 우려스럽다. 거듭 말했듯 인권은 선의, 온정에 기대는 개념이 아니다. 다음 장에서 약자와 소수자 담론을 통해 바로 이 점을 더 가까이 살펴볼 것이다.

우리란 누구인가

Dignity Plan   How do we fight a bad world

약자와 소수자

작고 낮고 귀한 이름

비슷하지만 다른 이름

옆집에는 팔순을 넘긴 할머니가 홀로 산다. 그 아랫집에는 당뇨를 앓던 아저씨와 발달장애가 있는 아들이 같이 살았는데 몇 해 전 아들이 복지관에 있던 중에 아저씨가 목을 맨 채 발견되었다. 건너편 건물에는 두 아이를 둔 부부가 있다. 아내는 베트남에서 시집을 왔다고 한다. 강 건너 빌라에는 중국인 부부가 살고 있고, 그 너머 방글라데시에서 온 노동자 셋이 함께 거주하는 원룸촌이 있다.[44] 김중미 작가의 소설 《곁에 있다는 것》 중에서 '지우 이야기' 일부를 차용하였다. 누군가의 집은 이 어디에 있다. 그 집은 나의 집이기도 하다. 1장에서 이 싸움의 정체와 의미를 짚었다면, 이제 싸움의 주인공이자 주체인 우리에 관해 이야기해볼 차례다. 이번 장은 구체적으로 약자와 소수자 개념을 소개하고 사회적 존재로서 우리를 호명한다.

일반적으로 **사회적 약자**The Socially Disadvantaged란 사회적으로 불리한 상황과 위치에 있는 사람들을 포괄적으로 지칭한다. 경제적 약자인 저소득층, 신체적 약자인 노인이나 아동을 떠올릴 수 있다. 이때 주목할 것은 약자라는 개념에는 따로 당사자의 정체성이나 집단의식이 기준으로 작용하지는 않는다는 점이다.

한편, **소수자**Minority란 사회 구조가 갖는 모순과 불평등 때문에 인권을 보장받지 못하거나 제한적으로 누리는 집단 속 구성원을 일컫는다. 어떤 사람이나 집단을 소수자라 부를 때, '소수'라는 말의 특성상 '다수'에 반대되는 것으로 단순히 수적 열세인 이들을 말한다고 생각하면 오해다. 그렇다면 정치인도 소수자일 것이다. 한국 사회에서 재벌도 소수자가 된다. 여기서 말하는 소수란 사회 지배 권력, 주류 집단으로부터 분리 및 고립된다는 의미다.

일견 약자와 소수자는 큰 차이가 없는 개념처럼 보인다. 보통의 경우 엄밀한 구분이 필요한 것도 아니며, 때론 분리가 모호하기도 하다. 그러나 이 책의 주요 담론(특히 6장의 집단적 정체성은 소수자를 규정하는 속성 중 하나인 집단적 의식을 다루기에)을 위해서는 둘의 차이를 정리하는 게 꼭 필요하다.

소수자를 어떻게 규정할 것인가, 약자와 소수자는 어떻게 구분되는가. 절대적인 기준이 있는 것은 아니다. 연구자마다 소수자의 속성을 달리 이름 붙이기도 한다. 다만 약자 개념보다 소수자 개념이 사회 구조적인 측면과 당사자의 의식 측면을 강조함은 분명해 보인다. 소수자에 대한 다양한 연구[45]를 종합하여 차이를 알아보자.

약자와 소수자의 속성

먼저 소수자는 한 사회를 지배하는, 혹은 주류를 이룬 사람들의 특성에 반해 다른 특성을 가진 집단에 속했다는 이유로 차별받는다. 반면 사회적 약자는 그를 약자로 만드는 속성이 꼭 집단화되는 것도 아니며 반드시 집단적 차별을 받는 것도 아니다. 예를 들어, 아동의 경우 신체적, 정서적 특성에서 사회적 약자이지만 사회의 지배적 기준에 반한다는 이유로 차별받는 특정 집단의 성원은 아니기에 소수자라고 보기는 어렵다.

다음으로, 소수자는 사회의 권력 구조에서 열세이기 때문에 이들에 대한 차별은 사회 전반에 걸쳐 광범위하다. 따라서 기득권을 쥔 특정 종교나 정치 조직과 같이 사회 구조적 우위를 점한 집단이 일시적으로 불이익을 받거나 어떤 사안에 제한적으로 불리하다고 해서 소수자라 부를 수는 없다. 반면 양심 및 신념에 의한 병역거부자(이하 양심적 병역거부자: '양심'이라 지칭하는 것에 대해 문제 제기가 있었으나 이때의 양심이란 도덕적 의식이라기보다는 개인의 주관적 신념이나 소신을 의미한다고 봄이 맞다는 대법원 해석에 동의하며)는 남성의 군복무를 의무화한 한국 사회에서 구직을 비롯하여 광범위한 영역의 편견과 배제, 차별을 마주하므로 소수자라 할 수 있다.

또, 소수자는 그 공동체에서 지속적으로 차별받아 온 역사성을 갖는다. 소수자가 속한 집단에 대해 사회적 억압이 장시간 이어져 왔다는 의미다. 이를테면, 한정된 기간에 남성의 권리 행사가 일부 제한된다고 하여 당장 남성을 소수자라 부를 수는 없다. 반면, 남성 중심의 가치와 구조가 이어져온 공동체에서 오랜 세월에 걸쳐 권리가 한정됐던 여성은 소수자라고 볼 수 있다.

이어, 소수자를 소수자이게 하는 속성은 대체로 영구적이다. 현재 일용직 노동을 하는 청년 노동자는 취약한 고용 때문에 사회적 약자이지만 상황이 개선되면 일용직 노동자라는 속성은 즉시 바뀔 수 있다. 반대로 이주 노동자의 경우 이주민이라는 속성은 당해 사회에서 지속적이기 때문에 소수자이다. 마찬가지로 병에 걸려 잠시 시력에 문제가 생겼다면 적절한 처치로 회복될 수 있기에 소수자라 볼 수 없지만 전맹 혹은 저시력 시각장애인은 소수자이다.

더하여, 소수자를 소수자이게 하는 속성은 고유하기 때문에 달리 대체되기 어렵다. 예를 들어 성소수자의 성 정체성이나 성적 지향이라는 속성은 고유하고 특수하다. 성소수자가 어느 날 비성소수자가 되겠다며 바꿀 수 있는 속성이 아니다. 흑인이라는 속성, 아시아인이라는 속성도 마찬가지다. 반면 빈곤과 같은 속성은 쉽게 극복되긴 힘들지만 고유하거나 특수하다 말하기 어렵기 때문에 사회적 약자의 속성에 가깝다.

한편, 약자는 일반적으로 그를 약자로 존재하게 하는 속성을 해소하려고 노력하지만 소수자는 이와 달리 그를 소수자이게 하는 속성을 지켜내면서 자신에 가해지는 압제를 극복하려고 노력한다. 비정규직 노동자가 그를 약자로 만드는 속성, 즉 비정규직을 벗어나려고 노력하는 데 반해 성소수자와 양심에 의한 병역거부자는 그를 소수자로 만드는 속성을 제거하는 게 아니라 그 속성을 지키면서 존엄하게 살기 위해 노력한다.

무엇보다, 소수자는 스스로 소수자 집단의 성원임을 인식하고 집단적으로 공유된 의식을 갖는다. 혐오와 낙인, 배제와 억압 속에서 형성된 소수자로서 자아, 이를테면 자기 정체성에 대한 의심과 고민, 부정과 인정, 확장과 저항의 경험은 개인을 넘어 집단적 의식을 형성해 나간다. 이는 정확하게는 집단적 정체성이라고 부르는 게 맞으나 일단은 집단의식이라 칭하자(6장에서 다시 살필 것이다). 양심적 병역거부자, 이주 노동자, 장애인, 성소수자는 대부분 자신이 차별받는 집단의 성원이라는 의식이 있으며, 이런 집단의식을 다른 성원들과 공유한다.

이와 같은 관점에서 사회적 약자가 당사자로서 자각과 집단적 의식을 구성하면 소수자가 된다는 해석이 설득력을 얻기도 한다. 다만 우려하는 목소리에도 귀 기울일 필요는 있다. 주관적인 의식을 너무 강조하면 소수자 개념이 무분별하게 확장될 수 있고, 어느 집단이라도 스스로 소수자임을 주장하여 소수자가 된다면 인권의 의미가 퇴색될 수 있다.

교차성과 가변성

부딪치고 움직이는 존재들

교차로 위 사람들

소수자의 속성들을 짚었다 하여 소수자 개념이 마치 정답과 오답을 가르는 수학 문제와 같다고 생각하면 곤란하다. 하나의 속성에 맞는다고 하여 소수자다 아니다, 혹은 속성 전체를 만족해야 소수자다 아니다 잘라 말할 수 없다. 소수자 개념을 바로 보기 위해서는 보다 입체적으로 소수자의 속성이 현실에서 어떻게 중첩되는지, 사회적 조건에 따라 소수자의 규정이 얼마나 유동적인지 이해할 필요가 있다. 바로 소수자의 교차성과 가변성이다.

인권은 온정에 호소하는 게 아니라고 말했던 내 동료 시각장애인 S를 다시 떠올려보자. 그는 유럽에서 인권을 연구하는 동안 아시아인으로서 소수자인 동시에 장애인으로서 역시 소수자였다. 인간은 다양한 정체성에서 소수자로서 정체성과 비소수자로서 정체성을 동시에 가질 수 있으며, 복수의 소수자 정체성을 갖기도 한다. 여성인 동시에 결혼 이민자인 사람, 양심적 병역거부자인 동시에 성소수자인 사람, 난민인 동시에 비혼모인 사람 등 소수자로서 속성은 얼마든지 중첩될 수 있고 상호교차적일 수 있다. 이를 가리켜 소수자의 **교차성**Intersectionality이라고 한다.

소수자 교차성을 처음 개념화했던 킴벌리 크렌쇼Kimberle Crenshaw 교수는 상호교차성을 교차로에 비유하며 설명한다. 교차로라는 도로의 특성상 이곳에서 일어나는 교통사고는 한 방향이 아니라 동시에 여러 방향으로 오가는 차량의 사고일 수 있다는 말이다. 흑인 여성이 부딪치는 차별이란 흑인에 대한 차별, 여성에 대한 차별이 교차하는 지점 위에 있다.[46] 장애 이주민이 마주하는 혐오란 장애인에 대한 혐오, 이주민에 대한 혐오의 교차로에 있다. 2023 〈장애인 이주민 실태조사 보고서〉는 신체장애뿐 아니라 정신장애를 가진 이주민들이 얼마나 복합적인 차별을 겪는지 보여준다.[47] 생계 지원과 사회보장제도에서 소외되고, 적절한 교육과 훈련 기회를 박탈당하며, 필수 재활 치료나 의료서비스 배제 때문에 존엄은커녕 생존을 위협받는 경우가 부지기수다. 언어의 장벽, 체류 자격에 대한 문제는 삼중, 사중의 교차로를 만든다.

2024년 6월 경기도의 아리셀 공장에서 불이나 스물세 명이 숨지고 여덟 명이 다쳤다. 역대 화학공장 사고 중 최다 사망자를 낸 참사다. 사망자 중 다수는 외국 국적의 이주 노동자. 당시 인권활동가들은 이 사건이 다른 참사보다 쉽게 잊힐까 걱정했는데 우려는 틀리지 않았다. 이주 노동자와 그 가족이면서 참사의 희생자이고 피해자인 사람들. 여기에도 상호교차성은 적나라했다.

이어, 상호교차성은 차별의 중첩뿐 아니라 교차적 소수자들이 인권담론에서 사각지대로 밀려나는 문제를 꼬집는다. 크렌쇼는 미국 사회 속 흑인 여성이 성차별 담론(주로 백인 여성 중심이기에)과 인종차별 담론(주로 흑인 남성 중심이기에)에서 모두 주변화된다고 지적한다. 장애인 이주민은 장애인 담론과 이주민 담론의 주류에서 소외된다. 농인이며 성소수자라는 교차 정체성을 가진 농인 성소수자는 농인 커뮤니티에서도 성소수자 커뮤니티에서도 배제[48]되기 십상이며, 노인 성소수자가 교차성으로 인해 마주하는 차별의 특이성은 노인 인권담론과 성소수자 인권담론에서 모두 무시된다.[49]

오래전 얘기지만 캐나다에서 1년여 거주하는 동안 아시아인 인권단체의 활동에 잠시 참여했던 일이 있다. 당시 밴쿠버에서 열린 소모임에서 어느 참석자가 이렇게 말했다.

"나는 삶의 거의 모든 영역에 걸쳐 소수자이다."

그는 여성이었고 장애인이었으며 성소수자였고 HIV 감염인이었다. 반인권 기제의 작동이 소수자 속성의 교차성에 반드시 비례하는 것은 아니지만 많은 소수자는 이로 인해 중첩적, 복합적 차별을 겪는다. 동시에 차별을 시정하고 반인권에 맞서기 위한 싸움에서 소외, 주변화되기 일쑤다. 뒤에서 포괄적 차별금지법을 다루며 다시 언급하겠지만, 바로 이 교차성 때문에 우리는 약자와 소수자를 향한 반인권 문제에 포괄적으로 접근해야 한다. 인권의 본질에서 짚었던 것처럼 왜 인권이 불가분적이고 총체적이어야 하는지 다시 한번 보여주는 대목이다.

변화하는 정체

가변성 이야기도 해보자. S와 마찬가지로 나 역시 유럽에서 인권을 연구하는 동안 인종과 출신 지역 면에서 아시안 소수자였다. 그런데 한국 사회로 돌아와 같은 속성의 측면에서는 나는 더 이상 소수자가 아니다. 앞서 소수자를 소수자이게 하는 그 속성은 대체로 쉽게 가질 수 없는 고유성과 특수성, 오래 변하지 않는 영구성과 지속성을 갖는다고 설명한 바 있다. 그렇다고 하여 소수자로서의 존재가 고정불변이라는 뜻은 아니다. 오히려 지역 이동만으로도 소수자 여부가 바뀔 수 있다. 이를 소수자의 **가변성**Variability이라고 부른다.

먼저, 소수자로서 지위는 공간의 변화에 따라 가변적이다.[50] 개인이 갖고 있는 다양한 정체성의 여러 속성은 사회적 환경 속에 소수자로서 속성이 되기도 하고 되지 않기도 한다. 또 새로운 공간에서 갖게 되는 새로운 속성은 개인을 새롭게 소수자로 만들기도 한다. A라는 흑인은 미국 사회에서 소수자이지만 이민을 통해 흑인이 주류 집단인 다른 국가로 이주하게 된다면 적어도 인종이란 속성에서 더 이상 소수자가 아니다. 반면, 새롭게 갖게 된 이주민이라는 속성은 그에게 전에 없던 새로운 소수자의 정체성을 부여한다.

다음으로, 소수자 개념 자체가 가변적이다. 소수자에 대한 이해와 규정은 끊임없이 발전해 왔다. 초기 담론과 국제 규약에서는 종족적, 종교적, 언어적 소수자만을 인정하였으나[51] 시대의 변화에 따라 외연은 계속 확장되는 중이다. 이는 특정 시기 중요한 사회적 변화나 문제를 드러내기 위해 보다 유연하게 소수자 개념에 접근할 수 있음을 의미한다. 예를 들어 이 책에서는 저소득층, 비정규직 노동자를 소수자보다는 경제적 약자, 사회적 약자로 언급하였으나 빈곤이 집단적 혐오, 사회 참여 배제와 맞물려 심각한 사회 문제로 대두된 공동체라면 경제적 약자를 얼마든지 소수자로 해석할 수 있을 것이다.[52]

끝으로 소수자 성원 됨의 가변성이다. 2015년 나는 북유럽 공동체의 사회적 행복론을 담은 《북유럽은 행복하다》라는 책을 쓴 이후 지방 자치 단체, 학교, 의료 기관 등 여러 조직에서

북토크와 인권콘서트를 진행할 기회를 가질 수 있었다. 한번은 어느 참석자가 아무 말도 없이 쪽지를 손에 쥐여 주고 간 적이 있는데 거기에는 이리 적혀 있었다.

"한 번도 내가 그럴 거라 생각한 적이 없었는데 몇 달 전 장애 판정을 받았습니다. 이제야 모든 게 나를 대변해주는 말 같아요."

강연, 토론회, 보다 사적인 모임 등 인권을 매개로 이루어진 만남에는 언제나 비슷한 사연을 가진 사람들이 있었다. 특히 오늘날의 소수자란 후천적으로 결정되는 경향이 더 크기 때문에 불의의 사고나 사회적 참사, 문화나 사회 구조의 변화에 따라 전에는 아니었으나 누구든 새로이 소수자 집단의 성원이 될 수 있다.

모두의 약자성과 소수자성
나는 어떻게 연결되는가

모두
소수자라는 말

이제 소수자, 약자의 개념과 이 책을 읽는 독자들을 연결해보고자 한다. 그런데 이걸 먼저 짚어보면 좋겠다. 간혹 언론 보도나 칼럼에서 '우리는 사실 전부 소수자다'라는 주장을 발견할 수 있다. 인간은 누구나 자신만의 고유성과 특이성, 다른 사람과 구분되는 정체성과 개성을 갖는다는 점에서 우리가 모두 소수자라는 취지다. 그러나 나는 인간의 개성, 개별성, 인격의 고유성을 소수자성과 동일시하는 주장에 다소 우려를 갖고 있다. 본의와는 다르게, 약자와 소수자 운동에 힘을 더하거나 연대를 확장하기보다는 반대로 작용할 위험이 있기 때문이다.

    인권이 모든 인간의 존엄을 다룬다고 해서 모든 게 인권이라 볼 수는 없는 것처럼(1장에서 오히려 인권 개념을 엄밀하게 살펴야 그 본질과 기능에 충실할 수 있음을 검토했다), 가변성과 소수자 개념의 확장을 아무나 약자이고, 누구든 소수자라는 뜻으로 이해해서는 곤란하다. 인권이 약자와 소수자를 중심에 두는 이유는 이들을 억압하는 반인권에 맞섬으로써 비로소 모두의 존엄으로 나아갈 수 있기 때문이다.

2024년 대통령 탄핵과 파면 국면에서 본 것처럼, 특정 종교인, 최고 권력자 등 기득권, 주류 집단, 심지어 혐오 세력이나 반인권 조직까지 자신을 약자이며 소수자라고 주장하는 장면을 종종 볼 수 있다. 이는 반대로 소수자 개념의 경계를 흔들어 인권의 기능을 무력화한다. 약자와 소수자로 더 많은 우리를 호명하는 일은 오직 약자와 소수자를 억압하는 반인권 기제에 맞서는 연대의 확장 아래 유효하다는 점을 잊지 말아야 한다.

따라서 소수자의 가변성과 개념적 확장은 나와 소수자를 잇는 **연결성**, 소수자 자신이 스스로를 소수자로 인식하는 **자기범주화**, 이 두 가지 관점에서 이해될 필요가 있다. 소수자의 가변성은 성별, 종교, 장애 여부, 나이, 사회적 신분, 출신 지역 등 여러 영역에서 다양한 정체성을 가진 우리가 복잡한 사회적 구조 속에 얼마든지 또 언제든지 소수자가 될 수 있음을 시사한다. 모두가 소수자로서 잠재성을 갖고 있는 것이다. 잠재성의 자각은 소수자를 향한 혐오, 낙인, 배제, 차별이 언젠가 나와 가족, 내 소중한 이들을 향할 폭력임을 알아채게 만든다. 나쁜 세상에 맞서는 소수자의 싸움이 결국 나의 오늘과 내일을 지켜내는 싸움임을 이해하게 돕는다.

아울러, 많은 소수자는 소수자이면서도 자신이 소수자라는 "정체성을 가지고 있지 못하며", 때문에 "참여와 연대의 필요성"을 느끼지 못하는 경우가 상당하다.[54] 소수자라는 사회적 존재로 소수자 당사자가 자신을 규정하지 못한다면 뒤에 이어질 비범죄화, 가시화, 자력화, 인디지니어스 네트워크, 집단적 정체성은 공염불에 불과할지 모른다. 우리가 지금까지 소수자의 특징, 속성과 유형, 사례, 또 소수자에 대한 유연하고 확장적인 이해를 살펴본 이유는 실은 소수자인 당신을 마땅히 소수자로 호명하기 위함이기도 하다.

약자와
나의 거리

약자로서 우리 존재의 연결에 대해서도 생각해보면 좋겠다. 내 이야기부터 시작하자. 코로나19 때문에 병원이 전쟁터 같던 시기, 어머니는 암 투병을 하는 중이었다. 항암 부작용이 나타날 때마다 응급실로 달리기 일쑤였는데 코로나 환자가 발생했다며 폐쇄된 응급실 앞에서 발을 구르고 목소리를 높였던 날들을 나는 또렷하게 기억한다. 당시 입원실을 같이 쓰며 친해졌던 사람 하나는 폐쇄된 요양병원에서 혼자 눈을 감았다. 정부 정책이 바뀔 때마다 병원은 닫혔다가 열리기를 반복했다. 그 후, 전염병 때문이 아니라 병원 내부 분쟁 탓에 진료가 중단됐을 때는 항암이 두 차례나 밀렸다. 온라인 커뮤니티에 중증 환자와 가족의 호소가 차고 넘쳤다. 한번은 의료인 파업으로 환자들이 통째로 병상을 비워야 했다. 최근 의대 정원을 둘러싼 갈등으로 인해 의료 인력이 부족했던 때에는 지병 때문에 두 시간을 대학병원 응급실 앞에 대기하던 아버지가 구급차를 돌려 병원을 찾아 헤매야 했다.

의료 대란, 의료 파업, 의료 분쟁이 있을 때마다 가족이 또는 지인들이 의료 안전망 밖으로 몰렸다. 그 사각死角에서 누군가가 계속 죽었다. 누군가는 누군든 될 수 있다. 아파도 지금 아프면 안 된다는 말이 유행어처럼 퍼졌다.

한편, 2021년 어느 언론의 자극적인 보도로 이목이 쏠렸던 사건이 하나 있다. 기사의 제목은 이랬다. "중병 아버지 굶겨 사망케 한 20대 아들".

아버지가 뇌출혈로 쓰러져 온몸이 마비되자 하루 24시간 곁을 지켜야 했던 아들이 결국 돌봄을 포기하고 아버지의 죽음을 방치한 일이었다. 비극의 이면에는 복지의 사각지대, 간병 노동과 빈곤이 있었다.

그의 모친은 청년이 초등학교 1학년 때 집을 떠났다. 아버지는 해고당한 공장 노동자였다. 수술비, 병원비, 간병비를 감당하기 어려웠다. 월세가 밀리고 전화기와 인터넷, 도시가스가 끊겼다. 금융 기관에서는 독촉장이 날아들었다. 아버지는 요양 급여를 받을 수 있는 나이가 되지 않았다. 간병 노동을 두고 사람이 죽어야 끝나는 노동이라고 한다. 어느 날 아버지는 이렇게 당부했다. "미안하다. 너 하고 싶은 거 하면서 행복하게 살아라. 이제 내가 부를 때까지 이 방에 들어와서는 안 된다."[55] 그게 무슨 뜻이었는지 아버지와 청년은 모두 알았다. 사람과 정도를 달리할 뿐 참담한 사연은 여기저기 반복됐다.

또 있다. 불안한 미래, 사회적 안전망의 부재, 취업난과 구직난, 고용 불안과 착취적 노동 구조[56]의 21세기 한국은 청년을 약자로 만들었다. 31세 A는 생활고에 시달리다 자살한 지 사흘이 지나서야 발견되었고, 청년의 고독사는 매년 증가하고 있으며,[57] 자살률 1위 국가의 오명 속에서 한국 사회 10대에서 30대의 사망 원인 1위 역시 자살이 차지한다.

기술의 변화도 끊임없이 새로운 약자를 만들어낸다. 더 빠르게 배송을 마치는 배달 노동자에게 더 많은 일할 기회를 부여하는 AI의 등장은 목숨을 팔아 속도를 높여야 하는 노동 약자를 만들었고, 모든 게 고객 평점으로 수렴하는 플랫폼 노동은 노동자의 삶을 이른바 별점 인생으로 규정한다. 스마트폰이나 인터넷을 사용하기 어려운 사람은 예매, 택시 호출, 재난 경보 등 필수적인 사회 서비스에서 소외된다. 기술의 속도를 따라가지 못하면 누구든 디지털 약자가 될 수 있다. 독거노인의 비율과 지역 사회 소속감은 매년 악화된다.[58] 의료 접근성이 떨어지는 지역 이주로 인해 의료 약자로, 정규직에서 비정규직이라는 노동 약자로, 또 교통 약자로, 주거 약자로 우리는 그렇게 현실 앞에 세워진다.

오래전 종영했던 리얼리티 프로그램이 있다. 일반인 참가자들이 생존 게임을 통해 우승자를 가리는 방송이었다. 최종 1인은 엄청난 상금을 받게 된다. 출연자 한 명이 보는 사람이 민망할 정도로 이를 악물고 매 게임 안간힘을 썼다. 크고 작은 속임수도 부렸다. 결국 프로그램에서 승리를 거머쥔 그는 인터뷰하며 울먹였다. 기뻐서 그러냐는 사회자의 질문에 그의 대답은 전혀 달랐다.

"이렇게까지 열심히 해야 하는 제 현실이 너무 슬퍼서 그래요."

나는 뒤통수를 한 대 맞은 것 같았다. 이토록 치열하게 상금이 필요한 자기가 슬프다고. 최선을 다해 자신을 몰아붙여야 뭔가 이룰 수 있는 삶이 아프다고. 그 말은 한동안 내 머리를 떠나지 않았다. 여기에 기대 우리는 또 이렇게 물을 수 있을지 모르겠다. 약자가 되지 않기 위해 이를 악물어야 하는 사람. 쉼 없이 발을 구르고 손을 뻗어야 하는 사람. 그렇지 않으면 아무도 존엄한 삶을 지켜주지 않는 사람. 그는 약자의 자리에서 얼마나 떨어져 있는가.

세월호 참사 이후 한 조사에서 대한민국이 나를 지켜줄 것이라고 믿는 청소년은 채 8퍼센트가 되지 않았다.[59] 사회가 나를 보호하지 않는 세상은 자신과 친구, 가족을 지켜내기 위해 이를 악물고 다른 이를 물리쳐 딛고 서지 않으면 안 되는 세상이기도 하다. 누군가는 반드시 약자가 돼야 한다. 사회 구조에 "내재된 폭력성"은 약자와 소수자를 쉼 없이 만들어 더 큰 사회적 고통을 전가한다.[60] 눈치채든 아니든 당신과 나는 날마다 이들이거나 이들 속에 살아간다.

우리라고 부를 때

인권에 작용하는 집단의식을 분석하기 위해 서울에서 소수자들을 대상으로 정량 조사를 진행한 적이 있다. 조사를 마치고 잠시 대화를 주고받는 동안 흥미로운 점을 하나 발견할 수 있었다. 명백히 국제 사회와 인권담론에서 소수자로 규정하고 있는 집단의 성원들이기에 조사 대상이 된 것인데, 설문지에서 자신을 소수자로 부르는 게 너무 이상하더라는 것이다. "내가 소수자인가? 아무래도 아닌 것 같다"라고 말하는 이도 있었다.

비슷한 일은 이후에도 잦았다. 국내 대표적인 문화 예술 기관에서 당시 예술인 거버넌스라는 이름으로 공공 기관과 예술인 당사자가 함께 공간을 운영하는 획기적인 실험을 하는 중이었다. 나는 예술인 운영위원으로 참여하고 있었는데 예술인 안전망 학교, 예술인 네트워크 사업 등을 공동 기획했다. 학습자로 참여했던 예술인의 후기에서 눈에 띄는 부분이 있었다.

"내가 노동 약자라는 걸 이제야 생각하게 됐어요. 사회가 나를 노동 약자로 만든다는 걸 비로소 고민해 보게 됐어요."

그 외 여러 인권교육 프로그램에서 역시 학습자를 통해서 같은 말을 들었다. 약자와 소수자가 누구인지 저 밖에서 새로 발견하는 게 아니라 실은 내가 약자이고 소수자라는 걸 배우는 일이었다고.

약자이며 소수자인 이들이 스스로를 약자, 소수자라는 사회적 존재로 인식하는 것은 대단히 중요하다. 여기에서 한 걸음 더 나아가 다른 약자와 소수자를 잇는 사회적 연결망 속에 나를 위치시키는 것은 나쁜 세상과의 싸움에서 시발점이 된다. 약자와 소수자 자신은 언제나 이 싸움의 주체이며 주인공이었기 때문이다. 약자, 소수자라는 인식을 통해 형성되는 보다 큰 자의식, 다른 약자와 소수자에 대한 동질감과 인권감수성은 크고 작은 역동을 잉태해 왔다. 성소수자운동이, 장애인운동, 여성운동이 그러했다. 결국 더 존엄한 방향으로 세상을 바꿔내는 힘은 인권 그 자체에 있는 게 아니라 관심을 두고, 인권적 사유를 통해 가치를 세워 행동했던 약자와 소수자가 쥐고 있다.

한편, 이 자각과 연결은 내가 약자나 소수자가 될 수도 있다는 인식이나 염려와 일정 구분될 필요가 있다. 앞서 나는 우리가 소수자로서 잠재성을 갖는다고 말했다. 그런데 이 말을 미래에 약자나 소수자가 될 수도 있으니 약자, 소수자 문제에 관심을 갖고 연대하자는 뜻으로만 해석하면 인권담론이 향하는 방향과 상당 차이가 생긴다. 나 혹은 당신이 약자, 소수자임을 자각한다는 말, 그 곁에 함께 선다는 말은 우리가 언제든 약자나 소수자가 될 수도 있다는 미래의 위험성을 인식한다는 뜻을 넘어선다. 훼손될 수 없는 존엄성을 가진 동시에 불완전하고, 보편의 인권을 빠짐없이 가진 동시에 반인권 앞에 울음 짓는 우리 존재 자체가 서로를 필요로 한다는 의미이기 때문이다. 인권은 인간 개인을 "연약한 생물체로 여길 것"[61]을 우리에게 요청한다. 연약한 우리가 다른 약자, 소수자와 연대하는 일은 책임 의식이나 연민을 넘어 보다 본질적인 사회적 존재로서 자신에 대한 이해, 보다 뿌리 깊은 집단의식과 맞닿아 있다(6장에서 더 내밀하게 탐색한다).

이 장에서 답하고 싶던 질문은 그래서 '우리란 누구인가'이다. 사회적 약자와 소수자인 당사자, 스스로 약자성과 소수자성을 인식한 시민, 인권감수성에 기반하여 서로의 슬픔을 느끼는 이들을 마침내 우리라 부르고 싶다. 여성으로, 장애인으로, 이주민으로, 성소수자로, 비정규직 노동자로, 양심적 병역거부자로, 이주민으로, 난민으로, 노인으로, 시설의 수용인이나 그 가족으로, 재난 피해자로, 또 다른 수많은 약자와 소수자로 사회에 등장하는 우리, 나아가 함께 공동체를 이루며 나쁜 세상의 기제를 감각하여 함께 아픈 우리를 일컫는다. 좀 뜬금없지만 최근 할리우드 영화 한 편을 보다가 이 장을 마무리 짓기에 안성맞춤인 대사 한마디를 발견했다.

"우리 중에 영웅은 없어. 그래서 서로가 필요한 거야."[62]

다채롭게
나쁜 세상

Dignity Plan   How do we fight a bad world

혐오
증오하는 마음의 사회학

혐오의 표적

이 장에서는 나쁜 세상에 대해 단순히 나쁘다고 말하는 걸 넘어 사회학적 접근을 통해 그 기저를 탐구한다. 책의 서두에 밝힌 것처럼 성소수자와 장애인에 집중하게 될 것이다. 주요하게 다룰 혐오, 범죄화, 낙인, 배제, 비가시화 문제의 핵심이 두 소수자 집단의 사례에서 더 선명하게 드러나기 때문이다.

일단 이렇게 묻자. 다른 사람을 혐오하는 건 좋은 일인가? 대다수는 그렇지 않다고 답할 것이다. 세상에 자신을 혐오주의자라고 인정하는 혐오주의자는 없다. 따라서 문제는 '혐오는 나쁘지만 이건 혐오가 아니다'는 주장 속에 있다.[63] 어떤 표현, 발언, 행위를 두고 누군가는 혐오라고, 다른 이는 혐오가 아니라고 말한다. 이를 구분하기 위해서는 먼저 혐오라는 감정에 대해 알아보고, 그다음에 우리가 경계해야 하는 종류의 혐오가 갖는 성질을 이해할 필요가 있다. 일반적으로 누군가 혹은 무언가를 사무치게 싫어한다는 의미의 혐오는 인권에서 말하는 혐오 표현, 혐오 범죄 속 혐오와 차이가 있기 때문이다.

국가인권위원회에서 지방 정부 혐오 표현 대응을 위한 매뉴얼 발간을 준비하는 자리. 인권 영역에서 활동하는 필진 사이에서도 혐오의 범위, 특히 혐오 표현의 적용에 대해서 해석을 달리하는 부분이 있었다. 그 차이가 시민들 사이에서 더 적지는 않을 것이다. 이 장에서 다양한 사례를 다루겠지만, 혐오와 혐오 표현 개념에 대한 오해는 많은 경우 인권적 대응을 왜곡되게 만든다.

본래 혐오란 인간의 감정이지 사회적 현상이나 사태라고 보기는 어렵다. 진화심리학에서는 역겨움에 의한 혐오감Disgust에 해당하는 인간의 감정이 질병과 같은 외부의 위험으로부터 신체를 보호하는 방향으로 인류가 진화한 결과라고 말한다.[64] 따라서 혐오라는 감정은 어떤 대상이 내 신체에 침투하여 나를 더럽히거나 위험하게 만든다는 느낌과 연결된다.[65] 부패한 음식, 오염된 물이 불러일으키는 혐오감을 생각하면 된다.

그렇다고 해서 혐오가 본능적인 감정이며 인간이 보편적으로 동일한 대상에 혐오를 느낀다고 단언할 수는 없다.[66] 코를

찌르는 암모니아 냄새가 지독한 삭힌 홍어가 외국인에게는 혐오감을 불러일으키지만 누군가에게는 천하의 미식이 되기도 한다. 홍어의 냄새와 맛을 좋아하는 사람은 본능적으로는 역겨움을 느끼는데 어느 순간 바뀌게 되었을까? 아니면 아주 어릴 적부터 자연스럽게 노출되며 한 번도 역겨움이나 불편을 느끼지 않고 홍어를 즐기게 되었을까? 외국인은 홍어에 감각적이고 원초적인 혐오감을 느끼는가, 아니면 그보다는 홍어를 먹는다는 행위나 먹는 사람에 대해 그러한가.

다만, 인간이 혐오감이라는 감정을 갖고 태어나는지를 논쟁하는 일은 적어도 여기서만큼은 중요하지 않다. 핵심은 인간이 '무엇에' 혐오를 느낄지 여부가 대상에 대한 인식에 따라 달라진다는 점이다. 혐오에 관한 연구들에서 자주 언급되는 재미있는 실험이 하나 있다.

두 개의 불투명한 유리병이 놓였다. 한 병에는 배설물이, 다른 병에는 치즈가 들었다. 원래 치즈를 좋아하는 실험자에게 냄새를 맡게 했다. 치즈가 담겼다고 공지된 병의 냄새를 맡은 실험자는 냄새를 좋아했다. 사실 그 병에 변이 들었다고 말하자마자 실험자는 곧바로 혐오감을 느꼈다. 그러나 실은 두 유리병 속 내용물은 다르지 않았다.[67]

더러운 물질을 마주할 때, 생존의 위협을 느낄 때의 혐오는 원초적이다. 그런데 인간은 이런 감각을 자신이 수용하기 힘든 어떤 대상을 향해서도 투사하면서 거부감을 나타낸다.[68] 이 과정에서 발생하는 혐오는 대상에 대한 주체의 인식으로부터 강력한 영향을 받는다. 혐오의 대상이 실제로는 혐오 반응을 일으키지 않더라도 주체의 인식에 의해 혐오스러운 것으로 결정될 수 있다는 말이다. 법철학자 마사 C. 누스바움Martha Nussbaum은 주체의 인식, 즉 대상이 가진 속성을 어떻게 인식할 것인가 하는 관념은 사회 속에서 형성되기에 혐오 역시 사회와 분리될 수 없다고 지적한다.[69]

결과적으로 주체적 인식에 의해 어떤 대상에 투사된 혐오는 사회적 맥락 위에 있다고 말할 수 있다. 사회적이라는 말은 정치적이고, 문화적이며, 권력적이라는 말과 같다. 그렇다면 이제 문제의 본질은 이 둘을 구분 짓는 일이다. 감각적이고 원초적인 혐오인가? 아니면 투사적이고 권력적인 혐오인가?[70]

덧씌워진 감정

인간은 사회 속에서 자라며 무언가를 혐오하거나 혐오하지 않게 된다. 투사적, 권력적 혐오는 이렇게 학습되는 혐오다. 학습된다는 건 혐오가 계획되거나 의도될 수 있다는 말이다. 특정 집단이나 세력의 의지가 혐오를 만들 수 있음을 의미한다. 우리는 이 점에 주목할 필요가 있다.

코로나19 바이러스가 급속도로 퍼지며 사회적 위기가 고조되던 시기, 미국의 시사주간지 〈뉴스위크〉는 신조어를 하나 소개했다. 부머 리무버boomer remover. 베이비부머 세대를 청소하는 제거제라는 뜻이었다. 코로나19가 중장년 이상 특히 노년층에게 더 위험하다는 사실이 알려진 뒤 SNS에 급속도로 퍼진 말이다.[71] 코로나19는 이른바 꼰대를 없애주는 질병이라며 취약한 집단에 대한 조롱과 세대 혐오를 담았다. 나와 공동체의 안정을 위협하는 질병에 대한 두려움, 역겨움의 원초적 감각은 기득권 세대에 대한 젊은 세대의 박탈감과 맞물려 오히려 질병에 취약한 계층에게 투사됐다.

한국에서도 유사한 상황은 펼쳐졌다. 코로나 확산 초기 지방에서 집단 감염이 발생하며 위기가 막 고조되던 때였다. 한 지역 일간지가 이런 제목의 기사를 싣는다.

"AIDS 환자가 코로나 검사를 받았다는 소문에 지역 사회 뒤숭숭."

코로나 위기에 AIDS 우려까지 생겨서 지역 사회가 불안하다는 내용이었다.[72] 누군가가 코로나 검사를 받은 것과 코로나19의 확산은 아무런 연관성이 없다. 검사 과정의 안전성은 전혀 다른 영역의 문제다. 게다가 HIV 감염과 AIDS 발병도 엄연히 별개다. 그러나 해당 언론은 코로나19에 대한 혐오를 전혀 다른 질환의 소수자에게 무분별하게 투사했다. 같은 맥락의 투사는 곧 성소수자에게, 중국인에게, 배달노동자에게, 노인에게 이어졌다.

부패, 냄새, 감염과 같은 역겨운 속성을 특정 인물이나 집단에게 덮어씌우며 투사적, 권력적 혐오는 만들어진다. 그 대상은 대체로 성소수자, 여성, 외국인, 소수 인종, 노숙인, 장애인, 노인 등 사회적 약자, 소수자이다.[73] 인권의 역사는 이와 같은 혐오의 조작을 셀 수 없이 증언한다. 인간을 사고팔던 시기의 노비와 노예, 특정 종교가 압도적 권위를 갖던 시기의 이교도, 오직 남성의 정치 참여만을 정의로 간주하던 시기의 여성, 유럽 열강의 패권 시대 약소국의 선주민, 홀로코스트 대학살 속 유대인과 장애인까지 권력 집단과 기득권 세력은 약자와 소수자에게 질병, 무지, 위험, 더러움, 부도덕, 열등함과 같은 속성들을 덧씌우며 끊임없이 혐오의 대상으로 조작해 왔다.

그들 누구도 혐오가 목표였다고는 말하지 않는다. 혐오를 의도했다고 자백하는 권력은 없다. 수많은 인권 현장에서 장애인을, 이주민을, 성소수자를 비하하는 혐오 표현 앞에는 늘 "혐오할 뜻은 없었다", "차별할 생각은 아니다", "비하하려는 건 아니다"는 고의성의 부정이 존재한다. 따라서 혐오 개념을 이해하는 데 있어 이 점을 분명히 해야 한다. 권력적, 투사적 혐오의 판단은 의도나 의지의 유무에 따라 좌우되지 않는다.

혐오 표현, 혐오(증오) 범죄 등 인권에서의 혐오란 의지나 의도의 유무보다는 표적 집단[74]이 된 사람들이 지금까지 마주했던 반인권의 역사성, 사회적 구조와 맥락, 편견이나 차별을 조장하는 효과성에 주목한다. 우리가 맞서고자 하는 혐오 개념의 근저에는 그것이 약자와 소수자를 향한다는 판단이 있다. 성별, 장애, 종교, 나이, 출신 지역, 인종, 성적 지향 등 특정 속성 때문에 차별받는 집단을 대상으로 하는지 따져보는 이유다. 기득권, 권력 집단, 주류 사회에 영향력이 강한 개인 등 사회적 강자나 다수자에 대해 갖는 부정적인 감정이나 그 표출을 인권에서 말하는 혐오라 보기 어려운 까닭[75]도 마찬가지다.

그렇다면 대체 무엇을 위하여 이런 혐오는 조작되는 걸까? 이념과 신념, 부의 산출과 축적, 자원과 권위의 독점, 사회적 통제 등 특정 집단이나 세력이 혐오를 만들어내는 경제적, 종교적, 사회적, 정치적 목적은 다양하다. 이 중 몇 가지를 이어서 살펴보자.

존엄 반대편에 선 규범들

난데없이 일간지 1면에 이런 광고가 등장했다.

"며느리가 남자라니 동성애가 웬 말이냐!"

유명 작가가 쓰고 많은 사랑을 받게 된 드라마 속 주요한 등장인물로 성소수자 커플이 주목을 받았기 때문이었다. 충격적이게도, "방송 보고 게이 된 내 아들 에이즈로 죽으면 방송국이 책임지라"는 문구가 함께 실렸다.[76] 관심을 끄는 건 일간지 1면에 광고가 실리는 데 관여한 조직과 자본이다. 참교육 어머니 전국 모임, 바른 성문화를 위한 전국 연합 등의 단체가 이름을 올렸다. 수십 건의 유사 광고가 유력 일간지에 실렸다. 이런 경향은 십여 년이 훌쩍 넘게 반복됐다. 불과 얼마 전에도 성소수자가 주요 인물로 등장하는 OTT 드라마의 방영을 규탄하는 시위가 열렸고, FIRSTKorea시민연대, 청소년유해개선단 등의 단체가 주도했다.[77]

특히 일부의 극우 개신교 근본주의 세력이 노골적인 성소수자 혐오 집단으로 떠오른 것은 어제오늘의 일이 아니다. 그들은 위에 언급한 단체들의 구성에 관여하고 캠페인을 촉진하는 조직자의 역할을 자처하는데[78], 나아가 한국 기독교 신자들과 기타 보수 단체들이 성경의 정의를 수호하기 위해 성소수자를 막는 데 적극적인 역할을 할 것을 요구한다.[79] 극우 개신교 근본주의 세력이라 부르기에는 성소수자에 대한 거부와 공격이 개신교 전반에 퍼졌다는 지적[80]도 있으나 여기서는 어쨌든 그 세력을 지칭하는 어휘를 최대한 한정하여 쓰고자 한다.

이런 조직은 무엇보다 성소수자의 권리 문제, 성소수자에 대한 혐오 표현이 인권문제로 대두되는 것을 희석하기 위해 다른 사회적 질서를 강조한다. 이를테면, 동성애는 하나님의 치유를 받아야 하는 병이며 사회적 병리라는 슬로건이나 동성애

확산으로 인해 국민 건강과 공공질서가 위협받는다는 주장이다.[81] 이는 당장 성소수자의 인권이 한국보다 훨씬 폭넓게 보장된 다른 국가, 이를테면 북유럽 국가들만 봐도 반박되는 논거다. 앞서 인권의 본질에서 강조했던 인권의 도덕성, 초월성, 우선성에도 불구하고 이를 무시하며 다른 사회적 규범을 들먹이는 주장을 먼저 해체해야 우리는 혐오가 조작되는 진짜 이유에 근접할 수 있다.

국제 사회와 인권기구들이 채택한 강력하고 끈질긴 성명에도 불구하고 때때로 종교, 관습, 문화와 같은 특정 상대주의 요소Specific constituents of relativism가 인권침해에 정당성을 부여하는 도구로 악용되기도 한다.[82] 이런 상대주의적 요소는 "약자에게 적대적으로 편향되어"[83] 있는 경우가 많다. 국제협약은 인권침해를 지지하는 문화가 단순히 문화라는 이유만으로 존중될 수는 없다고 분명히 밝히지만[84], 현실 사회에서 논란은 끊임없이 발생한다. 인권의 원칙은 그 실현을 위해서 해석과 적용이 반드시 필요한데, 이때 해석과 적용이란 결국 공동체가 가진 종교, 관습, 문화의 영향을 받기 때문이다.[85] 불행하게도, 공동체 각자가 가진 상대주의 요소는 여러 수준에서 인권을 지배할 수 있으며[86], 명목적으로 인권원칙을 지지하는 국가라고 해도 내부에서 상대주의 요소가 인권을 묵살하는 상황을 오히려 조장하거나 방관하는 모습을 보여왔다.

종교, 관습, 문화와 같은 상대주의 요소는 특정 종교, 특정 관습이나 특정 문화를 통해 기득권을 구성하고 유지하는 집단의 권력 원천으로 작용한다. 이때 인권의 보편적 원칙이 이들 집단의 권력 작용에 방해가 되거나 이들이 배격하는 사람들의 존엄을 옹호하는 방향으로 작동할 때 이들의 종교, 관습, 문화는 혐오와 어렵지 않게 결합한다.

수많은 여성이 지금도 불법 수술 과정에서 목숨을 잃고 있는 여성 생식기 절제 Female Genital Mutilation(주로 행해지는 국가들이 있으나 여기서 특정하지는 않기로 한다) 관행의 경우 특정 문화권 특정 전통이 인권을 지배하며 무참한 폭력을 유지하는 힘의 원천으로 작용해 왔다. 여성의 교육권 침해에도, 명예살인 등과 같은 끔찍한 존엄의 훼손에도 역시 특정 문화와 종교는 오랜 세월 힘의 원천을 제공해 왔다.

그럼에도 혐오를 조장하고 조작하는 세력들은 자신의 행동이 착한 의도에 기반한 선도 행위이며 그것이 공동체의 이익에 부합한다고 상대주의 요소를 악용한다. 동시에, 그들은 자신의 종교, 관습, 문화가 존중받고 보호받을 권리가 있다고 주장한다. 그러나 이는 자기모순에 가깝다. 어떤 종교, 관습, 문화는 다른 종교, 관습, 문화를 존중하지 않기 때문이다. 반인권 기제를 구동하는 규범이 단지 종교, 관습, 문화라는 이유로 존중될 수는 없다.

종교, 관습, 문화는 우리가 인권적 판단이나 해석을 하는 과정에 이미 영향을 미치고 있기에 명백하게 인권을 유린하는 사례가 아니라면 이런 규범들을 식별해내는 건 꽤나 모호할 수 있다. 그럼 우리는 어떻게 이를 구분하여 경계할 수 있을까? 반인권 이데올로기에 대한 연구가 좋은 기준이 될 수 있다. 관련하여 조효제 성공회대 교수가 정리한 "인권에 적대적이거나 회의적인 경향이 있는 이데올로기의 특징들"[87]을 토대로 반인권적 규범의 공통점을 다음과 같이 유추해 보면 좋겠다.

- 성별, 피부색, 종교 등 특히 정체성을 이루는 속성에 따라 '우리'와 '저들'을 구분하고, 이렇게 구분된 '저들'을 강력하게 부정한다.
- 집단 자체를 실체적 인격체로 보고 개인보다는 집단의 이익, 집단의 권리를 강조한다. 최대다수의 최대행복을 위해 소수의 희생을 묵인하는 공리주의 경향을 띤다.
- 집단의 안위, 체제의 안정을 최우선에 두고 절대화한다. 생각이 다른 구성원을 배제의 대상으로 간주한다.
- 약한 자가 강한 자에 굴복하고 종속되는 사회 다윈주의적 경향이 강하다. 힘에 의한 지배를 정당화한다.
- 문제의 해결을 위해 무력, 강압력, 폭력의 사용을 지지하거나 미화한다.

충성심의
함정

인권을 지배하는 특정 상대주의 요소를 통해 혐오를 조작하는 집단은 대개 그들의 권력을 옹위하는 강력한 규범을 갖는다. 인권에 반대되는 규범이라 해도 이를 유지하고 장려하는 것이 그 집단 구성원의 의무로 간주되며[87], 때문에 다시 반인권의 규범이 힘을 얻는 악순환이 반복된다. 악순환에 윤활제 역할을 하는 것은 충성심Loyalty이다. 이 책의 초고를 쓰는 동안 파면당한 전직 대통령이 "사람을 쓸 때 가장 중요한 것은 충성심"이라고 언급했다는 보도가 흘러나왔다.[89] 참 공교로운 일이다.

충성심이란 정서가 혐오의 조작에 기능하는 과정은 꽤 흥미롭다. 우선, 충성심은 집단의 구성원에게 소속감Sense of the belonging을 부여하는 개념이다. 이때 구성원은 다른 집단과 경쟁하는 과정에서 더 강한 소속감을 느끼게 된다. 따라서 충성심은 언제나 내 집단과 구분되는 다른 집단, 즉 자신을 정의할 타자Other against which to define itself를 필요로 한다.[90] 정확하게는 다른 집단과의 경쟁, 갈등이 필요한 것이다. 뿐만 아니라 다른 집단에 공격적인 집단일수록 지도자에게 맹종하는 강력한 충성심을 가진 구성원들이 더욱 많아진다.[91]

그런데 더 눈에 띄는 건 이런 속성이 혐오감을 작동시키는 뇌 기능과 일치한다는 점이다. 관련하여 뇌과학자 정재승 교수는 다음과 같이 분석한다.[92] 우리 뇌에서 시상하부는 내 편을 의미하는 내집단과 남의 편을 의미하는 외집단을 구분 짓는 영역이다. 그런데 시상하부가 활성화되면 역겨움, 쾌락을 관장하는 뇌 영역도 동시에 활성화된다. 반면 이성적인 판단을 관장하는 뇌 영역의 활동은 줄어든다. 즉, 우리 뇌는 내집단과 외집단을 구분 지으면서 이성의 작용을 억제하고 내 편에 대해서는 사랑과 결속을, 남의 편에 대해서는 분노와 역겨움을 느끼게 만든다. 여기서 핵심은 사랑과 결속이라는 소속감, 분노와 역겨움이라는 혐오, 두 가지 정서를 처리하는 뇌의 회로가 같다는 점이다. 결과적으로 우리 뇌는 누군가를 배격하고 혐오하며, 그 혐오감을 공유하는 사람들을 끈끈하게 묶어주는 소속감을 높인다. 뇌 기능의 측면에서도 이렇게 혐오와 배격, 소속감과 충성심은 연결된다. 혐오가 왜 뿌리 뽑기 힘든 것인지 보여주는 대목이기도 하다.

혐오를 조작하는 개인이나 집단의 전략은 명확하다. 권력의 옹위를 위해 더 강한 결속과 충성심이 필요하기 때문이다. 충성심은 끊임없이 외부 집단과의 갈등 속에서 강화된다. 갈등을 촉발하기에 혐오는 효과적인 수단이며, 뇌 기능 역시 여기에 부합한다. 혐오의 대상을 고르라면 약자, 소수자가 가장 유효하다. 권력에서 배제되었을 뿐 아니라 뿌리 깊고 오랜 편견이 있기에 인간이 갖는 원초적 혐오를 덮어씌워서 투사적, 권력적 혐오로 만들기에 용이하다.

위기에
기생하다

혐오의 전략은 2000년대 이후 신도가 점진적으로 줄고 있는 한국 개신교의 위기 상황[93]처럼 어떤 집단이나 공동체가 위험을 마주할 때 더욱 치밀해진다. 1장에서 다뤘던 나치 시대 경제적 위기와 사회 갈등이 어떻게 대량 학살로 이어졌는지 기억하는가? 통제하기 어려운 사건이나 위기를 전환하기 위하여, 혹은 위기를 기회로 삼아 권력을 강화하기 위하여 혐오는 조작될 수 있다. 왜냐하면 혐오의 이면에는 두려움이란 속성이 있기 때문이다.

혐오라는 감정은 원초적으로 어떤 대상이 나를 더럽히거나 위험하게 만든다는 느낌과 연결된다고 앞서 밝혔다. 따라서 혐오의 대상은 나를 오염시킬 것이라는 두려움의 대상이기도 하다.[94] 그런데 사회적 위기나 갈등 역시 나, 혹은 우리의 안정을 해칠 것이라는 두려움의 대상이다. 바로 이 두려움이라는 속성을 공유하고 있기 때문에 위기에 대한 공포를 약자, 소수자에 대한 혐오로 치환하여 희생양[95]으로 만드는 건 어려운 일이 아니다.

14세기 유럽에서 흑사병이 창궐하며 유럽 인구 3분의 1에 해당하는 수천만 명이 죽음을 맞았던 전대미문의 위기. 사회적 혼란 속에서 권력 집단과 유럽인들에게는 분노를 표출할 대상이 필요했다. 유대인이 식수에 독을 풀었다는 소문이 퍼지고 수많은 유대인이 생매장당했다.[96] 질병에 대한 공포는 유대인이 우리의 안정을 해친다는 공포로, 유대인에 대한 공포는 두려움이라는 속성을 타고 유대인에 대한 혐오로, 기어이 학살로 이어졌다. 증거가 명백함에도 일본 정부가 여전히 부인하고 있는 관동대지진 조선인 학살 역시 같은 맥락 위에 있다.[97] 자연재해에 대한 공포는 조선인이 일본에 위해하다는 공포로, 조선인에 대한 공포는 두려움이란 속성을 가진 혐오로, 조선인 학살로 연결됐다.

21세기에는 벌어지기 힘든 일이라고 생각하는가? 2002년 인도에서는 성지순례를 마치고 돌아가던 힌두교도들이 열차 화재로 숨지는 사건이 발생한다. 일부 힌두교 세력은 다른 종교에 대한 혐오를 부추기며 이슬람교도가 일부러 열차에 불을 지른 것이라 선동하기 시작했고 그 후 3개월간 1,000명이 넘는 이슬람교도들이 보복 살해당하는 참극으로 이어졌다.[98] 사고로 촉발될 소요와 내부 동요에 대한 공포는 다른 종교에 대한 혐오를 타고 학살로 향했다.

이런 극단적인 사건이 아니더라도 위기에 대한 공포가 약자, 소수자에 대한 혐오로 투사되는 모습을 우리는 어렵지 않게 찾을 수 있다. 코로나19 팬데믹은 여러 집단에서 이런 투사가 어떻게 맞물려 꼬리를 무는지 보여준다. 유럽에서는 질병에 대한 공포가 한국인, 중국인 등 아시아인에 대한 혐오에 투사되어 폭력이 범람했다. 같은 시기 한국에서는 코로나에 대한 공포를 중국인에 투사하며 혐오를 쏟아냈고, 중국에서는 똑같은 공포를 아프리카인에 투사하며 차별이 만연했다.[99] 비슷한 장면은 차고 넘친다. 인구 위기에 대한 두려움은 어떤 집단에 대한 혐오에 투사되는가? 청년세대 때문이다. 남성은 왜 취업이 힘들어졌는가? 여성 혹은 외국인 노동자 때문이다. 민주주의는 왜 악화했는가? 종북 세력 때문이다.

심리학의 '희생양 이론'은 불만과 불안, 분노를 유발한 이가 누구인지 모르거나, 알지만 접근할 수 없거나, 유발자가 너무 강력하거나, 혹은 종교나 관습 같은 사회적 규범의 보호를 받는 경우 유발자를 대체할 수 있는 보다 접근 가능하고 약한 개인이나 집단에게 불만, 불안, 분노가 옮겨간다고 밝힌다.[100] 경쟁과 갈등, 착취가 심화된 사회는 혐오에 취약하다.[101] 사회적 위기는 혐오 발화의 결정적 땔감이 될 수 있다. 혐오는 사회에 만연한 두려움, 불만과 불안을 완화하기 위해 약자와 소수자를 원인으로 가리켜 "경제적 불황, 전쟁, 불행한 사건 사고, 전염병, 범죄"의 희생양으로 삼는 사회적 "병리현상"[102]이다.

지금까지 혐오에 관해 나눈 이야기를 정리해 보자. 혐오는 본래 원초적 감정이지만 사회적으로 조작, 조장될 수 있다. 따라서 우리가 경계하는 혐오란 약자와 소수자에게 투사된 투사적, 권력적 혐오다. 때로 문화, 종교, 전통과 같은 상대주의적 요소는 인권을 배격하며 이런 혐오에 원천을 제공한다. 그 원천을 통해 권력을 향유하는 집단은 원천을 유지하고 내집단의 결속, 충성심을 강화하기 위해 특히 위기 상황 속에서 혐오를 적극적으로 이용한다. 사회적 위기에 대한 대중의 공포, 집단의 위기에 대한 구성원의 공포는 약자와 소수자에 대한 혐오로 쉽게 옮겨갈 수 있기 때문이다.

범죄화, 낙인과 배제

역압의 시대

존재가 곧 죄

나는 거의 모든 반인권 기제의 작동에는 약자와 소수자에 대한 편견과 고정관념, 여기에서 기원한 투사적, 권력적 혐오가 내재한다고 생각한다. 따라서 혐오를 사회적으로 분석하는 데 상당 지면을 할애하였다. 혐오가 반인권에 내재한 정서와 그 표출이라면 이제 구체적으로 반인권 기제가 어떤 모습을 하고 세상에 등장하는지를 알아보면 좋겠다. 범죄화, 낙인과 배제, 게토와 스테이터스큐, 비가시화다. 하나하나 살펴보자.

먼저, **범죄화**Criminalization란 말 그대로 특정 존재나 행위를 위법하게 만드는 것을 의미한다. 범죄화는 약자와 소수자에 대한 가장 직접적인 압제라고 볼 수 있다. 그들 정체성의 근간을 이루는 문제들을 범죄화함으로써 존재 자체를 탄압한다.

미국에서 동성애자에 대한 가장 노골적인 탄압은 1960년대의 이른바 남색법에서 왔다. 인권에 반하는 용어이지만 당시 Sodomy Laws라고 불렸던 바를 그대로 인용한다. 1960년 미국의 모든 주에는 항문 성교나 구강 성교와 같은 특정 성행위를 금지하는 법률이 있었다. 명시적으로는 비출생 목적의 성행위를 금지하기 위해 제정되었지만 사실상 동성애를 통제하기 위한 수단이었다. 이 법에 따라 동성애자임이 밝혀지면 자녀 양육권이 박탈되고 고용 거부도 정당화되었다. 체포되는 일도 허다했다.[103]

영국과 같은 이른바 유럽 선진국에서조차 1920년대에 이르도록 여성의 정치 참여는 범죄로 여겨졌다. 1940년대 일본에서 조선인학교는 불법이었고, 불과 60년 전만 해도 미국에서 흑인의 투표 역시 위법했다. 2018년 전까지 한국 사회에서 양심적 병역거부는 범죄였으며, 2019년이 되어서야 여성의 임신중지는 죄가 아니게 되었다. 2022년까지 싱가포르에서 동성 간 성관계는 불법이었고, 나미비아에서는 오늘 이 순간까지 이성 간이 아닌 모든 성행위는 범죄다.[104]

범죄화는 직접적으로 약자와 소수자를 억압할 뿐 아니라 사법 영역을 벗어나 사회 전반에 걸쳐 약자와 소수자에 대한 증오, 차별과 폭력에 정당성을 부여한다. 때문에 이를 비범죄화하는 것은 반인권에 맞서는 역동의 가장 우선적인 목표가 되어 왔다. 당사자 인권의 향유가 다른 인권을 침해하지 않는 이상 정체성에 관련된 속성이나 존재 행위에 범죄의 딱지를 붙이는 것은 명백히 인권에 반한다. No One is illegal! 전 세계 이주민 권리 운동의 대표 구호다. 인간이라는 존재 자체는 결코 불법이 되어서는 안 된다.[105]

억압의
인장 印章

교도소에 수감된 이들의 미성년 자녀를 흔히 수용자 자녀라고 부른다. 연간 5만 명이 넘는다. 부모의 수감 사실이 알려지는 순간 이들에게는 범죄자의 아이들이라는 꼬리표가 붙는다.[106] 이 꼬리표는 학교에서, 놀이터에서, 동네 가게와 골목에서 아동을 따라다니며 낙인찍는다. 낙인은 어떤 대상에 대해 강하고 부정적인 편견을 갖는 것이다. 이런 낙인이 더욱 구조적이어서 특정 집단을 사회 기준에 못 미치는 손상된 존재로 인식시킬 때 **사회적 낙인** Social stigma이라 부른다.[107]

낙인은 결국 편견에 뿌리를 내리고 돋아난다. 약자나 소수자에 대해 잘못된 일반화에 기초하여 부정적인 태도를 갖는 것에서 낙인이 시작된다는 의미다. '장애인은 비장애인에 비해 열등하다, 여성은 남성에 비해 나약하다, 아시아인은 백인에 비해 지저분하다, 성소수자는 비성소수자에 비해 문란하다' 등과 같은 명시적 편견은 사회적 낙인의 기반이 된다. '장애인은 집에 머물러야 한다, 여성은 남성의 보호를 받아야 한다' 등과 같은 암묵적 편견도 마찬가지다.[108]

  범죄화 같은 직접적인 탄압에 비해 낙인은 그 폐해가 상대적으로 적을 것으로 생각한다면 오산이다. 낙인의 위험은 무엇보다 자의식을 파괴한다는 데 있기 때문이다. 약자, 소수자는 반복적인 낙인의 경험을 내면화Victimization하면서 수치심, 분노, 좌절감, 낮은 자존감 등 부정적인 자기개념을 형성하게 된다. 결국 깊은 내상과 긴 후유증을 남긴다.[109] 범죄화가 해당 법률의 철폐같이 비범죄화라는 결정적 행위를 통해 해결될 수 있는 반면 낙인은 보다 광범위하게 사회 구성원의 의식 속에 내재하며 그만큼 해결하기 어렵다.

언어는
존재의 집

낙인은 자극적인 언어 표현을 동반하기 때문에 언론을 통해 쉽게 유통되고, 때로 이른바 알권리 논쟁을 불러일으키기도 한다. 코로나 확산 초기 일부 매체가 확진자 한 명이 성소수자 클럽을 다녀갔다는 내용을 보도하자 수많은 매체가 이를 받아쓰며 알권리라는 이름으로 확진자의 성적 지향을 강제로 밝히거나 특정 집단을 전염병의 매개자[110]로 낙인찍었다. 어떤 사건이 발생했을 때 특히 그 관여자가 정신장애인, 학교 밖 청소년, 북한이탈주민, 성소수자, 미등록 이주민, 수용자 자녀 등 약자나 소수자인 경우 구조적 문제나 사건의 본질보다는 이들의 약자, 소수자적 속성이 더 전면적으로, 또 자극적으로 보도되는 것을 심심치 않게 볼 수 있다. 모두 알권리라는 미명 아래서다. 그럼 다시 이들에 대한 편견과 낙인이 고착되는 악순환이 반복된다. 심지어 이제 가난마저 도덕적 해이, 무책임, 나태, 부정수급[111]과 같은 낙인에 갇히는 실정이다.

독일의 철학자 마르틴 하이데거는 존재와 언어의 관계 탐구를 통해 '언어는 존재의 집'이라 말했다.[112] 언론의 언어는 너무 쉽게 약자와 소수자를 그 집에 가둘 수 있다. 알권리는 중요하다. 그러나 그 정보가 약자, 소수자적 속성에 관한 것일 때는 속성이 사건이나 문제의 실체에서 정말 중요한지, 또 반드시 공유될 필요성과 공익적 효과가 지대한지, 노골적으로 집중되거나 과장되지 않는지, 혐오 개념에서 짚었듯 속성 자체에 부정적 관념이 투사되지 않았는지 엄격하게 점검할 필요가 있다.

언론뿐 아니다. 스위스에는 이런 동요가 있다고 한다. '중국인이 콘트라베이스를 갖고 있네. 거리에서 얘기를 나누고 있네. 경찰이 와서 묻네. 대체 무슨 일이야? 중국인이 콘트라베이

스를 갖고 있네.'

　노래의 이름은 〈Drei Chinesen mit dem Kontrabass〉, 번역하면, 콘트라베이스를 갖고 있는 세 명의 중국인이다. 동요집 삽화에는 양 눈이 가늘게 찢어진 아시아인의 모습이 자주 등장하고, 동영상에는 경찰을 보고 도망가는 아시아인이 나온다. 20세기 초부터 이어진 동요인데, 한때는 '콘트라베이스를 갖고 있는' 대신 '신분증이 없는'이라고 불렸다고 한다. 어쨌든 이 동요 속에서 아시아인의 존재는 경찰, 범죄와 연결된다.[113]

　과거 우리나라에서 살구색을 살색이라고 불렀던 것처럼, 그리하여 은연중 살구색만을 사람의 살인 듯 비유한 것처럼 아무렇지도 않게 일상의 언어는 편견을 녹여 낙인의 인장을 찍을 수 있다. 적어도 약자와 소수자 집단에서 비롯되거나 그 집단을 향한 언어는 당사자의 입장이 중심이 되어야 한다. 언어가 존재의 집이라면 약자와 소수자에 관한 언어에 있어 당사자가 그 집의 주인이기 때문이다.

　그런 의미로 약자, 소수자와 관련된 어휘의 사용에 문제가 있는 경우를 짧게라도 짚어보면 좋겠다. 틀딱, 쪽발이, 짱깨, 개슬람 등은 잘 알려진 혐오와 낙인 표현이다. 이 장에서 주요하게 다루는 성소수자, 장애인과 관련하여 상대적으로 모르는 경우가 많은 표현을 한번 생각해 보자.

　먼저, 커밍아웃Coming-Out. 원래 커밍아웃은 'Coming Out of the Closet', 벽장 밖으로 나온다는 말로 성소수자가 자신의 성

정체성이나 성적 지향을 스스로 밝힌다는 뜻이다. 즉, 커밍아웃은 오랜 억압의 역사 속에서 감추고 숨길 수밖에 없었던 자신의 존재를 성소수자가 자발적 의지로 드러내며 당당히 인권의 주체로 나선다는 함의를 갖는 표현이다. 그런데 언론을 비롯하여 우리 사회는 커밍아웃이라는 용어를 범죄자나 비리 정치인의 자백 등을 일컫는 데 흔히 사용한다. 은폐된 부정성의 공개를 커밍아웃이라 부르는 것이다. 국가인권위원회도 우려를 표현한 바와 같이 이는 성소수자 인권운동의 의미를 훼손하는 일[114]이며, 성소수자에 대한 편견과 낙인을 악화한다.

다음으로 무심코 쓰는 관용적 어휘에서 장애 특성이 비하의 목적으로 사용되는 경우다. 대표적으로 꿀 먹은 벙어리, 절름발이 정책, 눈먼 돈 등의 표현이다. 특정 불기능을 강조하는 용어를 사용할 때는 이를 우려하는 주장이나 입장에서 점검할 필요가 있다. 인권영역에도 해당한다.

예를 들어 이 책에서는 이어질 반인권 기제를 다루며 '비가시성'을 소개할 예정이다. 이를 두고 비가시화라는 표현이 시각장애인 배제적이라는 일부 지적이 있다.[115] 신체적 기능을 비유하기 때문이다. 개인적으로는 생각해 볼 대목이라고 본다. 다만 표현의 맥락을 고려할 때 차별적 언어로 보기는 어렵다는 주장이 일반적이기는 하다. 여기서는 해당 용어에 대해 이렇게 우려하는 주장을 함께 소개하되 앞으로 대체어에 관한 논의를 계속 주목할 것이다.

포함될 수 없다

근래 영국 BBC는 한국의 어느 헬스장에 붙어 있는 특이한 경고문에 대해 보도했다. '아줌마 출입금지.' 그 아래 문구가 더 이목을 끌었는데, 교양 있고 우아한 여성만 출입을 허용한다고 적혀 있었다. 헬스장 운영자는 이른바 아줌마인 여성들이 샤워실에서 빨래하거나 탈의실 비품을 훔치는 등 문제를 일으켜왔다고 주장했다.[116] 황당한 해프닝이라고 생각되는가? 아줌마를 출입에서 배제한 곳은 한 곳뿐이지만 유사한 영업장의 노인 배제는 훨씬 광범위하다. 노실버존, 노시니어존이라는 이름으로 65세가 넘으면 출입을 거부하는 헬스장, 골프연습장, 수영장, 카페가 늘고 있다. 노인은 병약하고 공동체에 피해를 준다는 낙인과 연동한다.

이건 또 어떤가. 대리운전 기사로 일하는 여성이 있다. 손님을 태우기 위해서는 특정 앱을 사용해야 하는데, 기사 본인이 남성인지 여성인지 선택하게 되어 있다. 그런데 남성 기사들보다 여성 기사들이 잡을 수 있는 호출은 현저히 적다. 문제는 앱을 운용하는 업체가 임의로 여성 기사를 배제하고 호출을 남성 기사에게 더 많이 배당한다는 것이다. 또 어떤 업체는 아예 여성 대리운전 기사를 채용에서부터 배제한다.[117] 여기에서 배제는 직접적으로 생계와 연관된다.

병원 이용에서 특정 지역민이 배제되고[118], 어떤 국가의 문화를 가르친다는 이유로 무상 교육에서 배제된다.[119] 인간의 뇌는 다른 사람과 관계에서 배제를 경험할 때 날카로운 것에 온몸이 찔리는 것과 같은 통증을 느낀다고 한다.[120] 하물며 공동체로부터 배제되는 고통은 어떻겠는가. **사회적 배제**Social Exclusion란 공동체 대다수가 누릴 수 있는 권리, 기회, 자원에 특정 집단이나 개인만 접근할 수 없는 경우, 혹은 주류로부터 격리된 상태[121]를 의미한다. 사회적 배제 이면에는 그 대상이 되는 존재를 부정하고 싶은 정서가 자리 잡고 있다.

존재 자체를 부정하다니 마치 범죄화처럼 명약관화明若觀火일 것 같지만 사실 배제는 사소하거나 모호한 모습일 때가 훨씬 많다. 미국의 한 도시. 결혼을 앞둔 동성 커플이 웨딩 케이크를 주문했는데 상점 주인이 이를 거부하는 사건이 발생한다. 자신의 신앙에 따르면 동성 결혼을 위한 케이크를 만들거나 판매할 수 없다는 이유였다.[122] 특정 제과점에서 케이크를 살 수 없다는 사실은 큰 문제가 되지 않을 수 있다. 다른 제과점에 가면 된다. 여성이 특정 헬스장에 입장할 수 없고, 노인이 특정 수영장을 이용할 수 없으며, 아동이 특정 카페에 출입할 수 없다면 다른 곳을 찾으면 되지 않겠는가. 문제는 환영받지 않는 존재, 부정당한 존재, 배제된 존재라는 인식이 사회적으로 공유, 확산되며 낙인으로 이어진다는 데 있다. 낙인과 배제는 동전의 양면과 같다. 배제는 낙인을 낳고, 낙인이 찍힌 집단은 구분, 분리되어 사회 구성원 대다수가 누릴 수 있는 무언가를 누려서는 안 되는 존재로 다시 배제된다.

정치인에게 케이크를 팔지 않는 것과 미등록 이주민에게 케이크를 팔지 않는 것은 다르다. 재벌에게 케이크를 팔지 않는 것과 장애인 혹은 성소수자에게 케이크를 팔지 않는 것도 다르다. 아프리카계 미국인은 같은 버스를 탈 수 없고, 유대인은 법률 회사에 취업할 수 없으며, 여성은 대학에 갈 수 없던[123] 시대에서 상황과 대상이 바뀌었을 뿐 약자와 소수자에 대한 사회적 배제는 여전하다. 누군가의 정체성을 구성하는 중요한 원천이 사회적으로 억압받아 온 속성이라면 이 속성을 근거로 특정 공간, 서비스, 권리에서 배제하는 것은 명백히 우리가 경계하는 반인권이다.

게토와 스테이터스큐
흐리지만 넘을 수 없는 선

안에만 머물라

2023년 어느 지자체. 골목 한편에 단상이 차려지고 돼지머리가 놓였다.[124] 지역 대학에서 유학하는 무슬림 학생들이 십시일반 돈을 모아 작은 이슬람 사원을 짓는 것에 반대하는 주민들 일부가 이슬람에서 금기시되는 돼지머리로 항의한 일이다(혐오를 부추기며 이 과정에 관여한 세력에 대한 지적이 있으나 논의 범위를 지나치게 넓힐 것 같아 여기서는 생략한다). 나는 이 장면을 접하며 세월호 참사 당시 거리에서 단식을 이어가던 유가족을 조롱하고 그 앞에 피자와 치킨을 시켜 먹던 군중을 떠올렸다. 인간의 근원적인 가치나 문제를 조롱하는 행위는 영혼을 죽이는 일과 다르지 않다. 인간 존재 자체에 대한 부정이기도 하다.

관련 사건을 둘러싸고 이런 말이 돌았다. "얌전히 있으면 이슬람 믿는다고 누가 뭐라고 그러냐, 무슨 사원을 짓는다고 나서서는 문제를 만드느냐!", "사고 피해자인 건 안타까운데 허구한 날 거리로 나와서는 온통 나라를 다 시끄럽게 들쑤시냐!" 유사한 비난은 곳곳에 널렸다. 장애인 이동권 시위 현장에서 들리는 말은 이렇다. "무슨 장애인이 자꾸 집 밖에 나와서는!", 미투운동 당사자를 두고 쏟아졌던 소리도 있다. "성폭력 피해가 뭐가 자랑이라고 나대는지!" 나쁜 세상의 기제는 범죄화, 낙인, 배제와 같이 가시적인 형태로만 존재하는 것이 아니다. 어쩌면 약자와 소수자 스스로가 침묵을 선택하게 만들기 때문에 가장 교묘한 억압은 게토와 스테이터스큐일지도 모른다.

게토Ghetto란 본래 유대인들이 따로 모여 살도록 강제했던 거주지를 의미한다. 13세기부터 15세기까지 유럽 전역으로 확대되며 유대인의 안전을 위한다는 미명 아래 실제로는 억압의 수단으로 악용되었다. 이제는 소수자 집단의 거주 지역을 지칭하는 용어로 사용된다. 미국의 흑인 거주지, 선주민 거주지를 비롯하여 한국에서는 이주 노동자, 특정 국가에서 온 이주민이 모여 사는 지역이 해당될 수 있다.

게토는 빈민가 혹은 우범 지역이 되는 경우가 많다. 그 거주민은 혐오, 낙인의 대상이 되거나 사회자원과 서비스에 대한 자유로운 접근에서 배제되는 게 다반사다. 특히, 나쁜 세상의 기제로 작동하는 사회적 게토는 이런 물리적 장소를 넘어 위치한다. 생각과 행동 범위를 통제하는 압박으로 내재적, 심리적, 정서적 게토가 존재하는 것이다.

모난 돌
되지 않기

약자의 미덕이란 말이 있다. 피해자의 피해자다움이라는 말도 있다. 내재적, 심리적, 정서적 게토의 다른 표현이다. 매년 현실을 풍자하거나 유명인을 패러디한 졸업사진으로 주목받는 경기도의 한 고등학교가 있다. 그해 졸업사진 중에는 흑인 분장에 이목이 쏠렸다. 이를 두고 블랙페이스, 인종차별이냐 아니냐 논쟁이 일었다. 논란은 유명한 흑인 방송인에게 번졌다. 인종차별일 수 있다는 취지로 그가 우려를 밝혔기 때문이다.[125] "한국말도 잘해서 좋아해 줬더니 버릇이 나빠져서 감히 한국 청소년을 지적"하고 나선 것이다. 결국 그를 한국에서 추방하자는 주장까지 일었다.

   잠자코 얌전하게 있으면, 또 가끔 눈물도 흘려주면 사회의 선한 사람들은 얼마든지 온정을 베풀 준비가 되어 있다. 건방을 떨면 괘씸죄를 짓게 된다. 내 집 앞에 감히 이슬람 사원을 짓겠다고 나서지만 않았다면 돼지머리 제사상을 차렸던 지역

민은 멀리 유학을 와 있는 무슬림 학생을 안쓰러워 했을지 모른다. 세월호와 이태원, 오송 지하차도와 제주항공 참사 유가족이 떼로 모여 부산 떠는 대신 조용히 울음을 삼키며 기다렸다면 먹방과 가짜뉴스로 조롱하던 이들은 성금 몇만 원을 보탰을지 모른다. 지하철역에서 떨어져 다치기 싫다고 바쁜 출퇴근 시간에 장애인들이 소란을 피우지 않았다면 그들과 시민을 이분하던 정치인은 토론회에서 우아하게 장애인 인권을 말했을지도 모르겠다.

소위 함부로 나대지 말라고 정해 놓은 범위 안에 있을 때 약자와 소수자는 보호, 연민의 대상이 되지만 그곳을 벗어나는 순간 억압이 작동한다.[126] 게토는 한정된 정서적, 물리적 공간에 약자와 소수자가 스스로 선택하여 머물기를 종용한다. 게토화된 약자와 소수자의 내적, 외적 통제는 인권적 역동이 정체되는 현상, 스테이터스큐로 굳어질 수 있다.

나쁜
균형

스테이터스큐Status Quo를 보통 현상유지성이라고 부른다. 일반적으로 현상유지성은 사회적 가치, 구조, 시스템을 현재 상태로 유지하려는 경향을 말한다. 그러나 우리가 살펴보려는 것은 단순히 현상의 지속이 아니다. 게토를 벗어나지 않을 때의 안정과 게토를 벗어났을 때의 압박이 교묘한 균형을 이루면서 반인권에 맞서는 역동이 정체된 상태로 유지되는 문제에 대해 말하고자 한다. 따라서 현상유지성이라 번역하기는 좀 난감한 부분이 있기에 이 책에서는 스테이터스큐라는 말을 그대로 사용했다.

  인권의 역사 속에서 강렬한 저항은 언제나 강렬한 억압에 맞서며 싹터왔다. 당연한 소리지만 역설적인 면도 있다. 인권의 활발한 역동(力動)이 강력한 반인권에 대항하는 역동(逆動)으로 존재하기 때문이다. 이 말은 자칫 사회적 억압이 교묘하게 적정한 수준을 찾아 자리 잡게 되면 억압으로는 엄존하지만 억압을 없애려는 반작용을 일으킬 만큼 강력하지 않은 상태가 지속될 수도 있다는 뜻이다. 스테이터스큐를 이루며 고착화된 반인권의 기제가 약자와 소수자를 억압할 만큼 강하고, 억압에 맞서 싸우지 않을 만큼 약한 상태로 머무는 것이다.[127]

  스테이터스큐를 가장 명확하게 보여주는 것은 한국 사회의 성소수자 집단이다. 성소수자성을 공개적으로 드러내는 일은 매우 위험하다. 잘 아는 것처럼 유명 연예인은 동성애자임을 밝힌 후 10년 동안 어떤 형태의 방송에도 출연할 수 없었다. 반면, 대중에게 커밍아웃하지 않으며 게토를 넘지 않는 이상 성소수자는 그들만의 커뮤니티와 문화에 어렵지 않게 접근할 수 있다. 가장 큰 성소수자 온라인 커뮤니티에는 수십만 명의 회원이 있고 전국에 수많은 성소수자 바와 클럽이 있다. 한국에서 성소수자에 대한 억압이 만연하다는 것에 인권 전문가들의 이견은 없지만 그 억압이 성소수자 권리 증진을 위한 요구를 역동적으로 진전시킬 만큼은 아닌 것이다. 이렇게 스테이터스 큐를 이룬 억압은 소수자 당자들에게 인권운동의 필요성을 인식시키거나 그들이 적극적 관여자가 되는 것을 어렵게 만든다.

당사자 집단의 폭넓은 연대, 역동을 만들지 못하는 나쁜 세상과의 싸움은 힘이 약할 수밖에 없다. 게토를 벗어날 때 감당해야 하는 비용과 위험, 게토 안에 머물 때 그나마 유지할 수 있는 혜택과 기대. 이는 수많은 약자와 소수자 집단의 성원들을 이른바 집단행동의 심각한 딜레마 Serious dilemma of collective action 속에 가둬두는 결과[128]로 이어진다.

비가시성

있지만 없는 투명인간

드러내면 안 된다

게토와 스테이터스큐는 오랫동안 고착하며 약자, 소수자를 투명인간으로 만든다. 눈에 잘 띄지 않는 집단. 집단이 보이지 않으면 차별과 폭력도 은폐되기 쉽다. 이를 **비가시화**Invisiblization라 한다. 실제로는 존재하는 현상이나 문제, 사람 혹은 집단을 외부로 드러나지 않게 감춘다는 의미다. 존재가 노출되지 않으면 억압도 숨길 수 있다.

심지어 약자와 소수자 자신도 억압에 대해 제대로 인식하지 못하게 만든다. 이로 인해 차별의 실태를 조사하거나 실상을 밝히는 일조차 어려워진다.[129] 비가시화는 이렇게 혐오, 낙인, 배제와 차별의 현태를 감출 뿐 아니라 나쁜 세상의 변화를 촉진할 행위자들의 출현을 막는다.

비가시화를 말할 때 빼놓을 수 없는 것은 장애인이다. 실제로 장애인 인권운동이 오랫동안 견지해온 목표 중 하나는 사회적 가시성을 확보하는 데 있었다. 장애인 비가시성의 문제와 관련하여 여기서는 두 가지 측면을 살펴보고, 다른 약자와 소수자까지 확장해 보자.

첫째, 장애인이 스스로 비가시화를 선택하도록 만드는 게토와 스테이터스큐의 작용이다. 어떤 장애는 쉽게 눈에 띄지 않는다. 비가시적 장애Invisible disability다. 신장장애, 심장장애, 장루 및 요루장애 등 내부 기관에 장애[130]를 가진 장애인은 비장애인과 큰 차이가 없어 보이기도 한다. 외부 신체 기능의 장애나 정신적 장애도 많은 경우 마찬가지다. 이를테면, 상당수의 청각장애인은 구화, 즉 수화 대신 음성으로 이루어진 언어를 쓰는데 발음이 어색한 외국인처럼 여겨지는 경우가 많다.[131]

문제는 이들 비가시적 장애가 있는 장애인이 자신의 장애를 숨기도록 게토와 스테이터스큐가 작동한다는 데 있다. 구화를 쓰는 청각장애인은 장애를 밝히는 순간부터 직장과 일상에서 낙인, 배제를 마주한다. 따라서 숱한 곤욕을 치르고 오해를 받으면서도 게토를 넘지 않도록 자신을 통제하며 장애를 감춘다.[132] 사회에서 장애인이 비가시화되는 또 다른 요인이 된다.

비단 장애인에 한정되지 않는다. 인종, 성별과 같이 그 속성이 가시적인 경우와 달리 성소수자, 양심적 병역거부자와 같이 비가시적 속성을 가진 경우 게토와 스테이터스큐는 강하게 형성될 수 있다. 모든 사회운동의 공통점은, 그것이 결국 목적성을 갖는 집단적 행위자들이 이룬 집단행동의 산물[133]이라는 점이다. 당사자들이 스스로 비가시화를 선택하면 나쁜 세상과의 그 어떤 싸움도 부상할 수 없다. 비가시적 속성의 소수자 인권운동은 더욱 활성화되기 어려운 상태로 남아 있게 된다.

있지만 없는 사람

둘째, 장애인을 비가시화하는 사회적 기제이다. 장애인 비가시화의 현실을 들여다보자. 우리가 날마다 마주하는 미디어 속에서 장애인은 대체로 불행에 빠진 피해자이거나 어려움을 극복한 영웅, 혹은 유머의 소재로 등장한다. 문화체육관광부의 2024년 〈문화다양성 실태조사〉에 따르면 우리나라 국민의 30퍼센트 이상은 장애인을 희화화하거나 비하하는 콘텐츠를 경험한다.[134]

더 심각한 문제는 영국, 미국, 일본, 프랑스 등과 비교하여 미디어에 장애인이 출연하는 비율 자체가 절대적으로 낮다는 점이다.[135] 국내 TV의 드라마, 예능, 탐사보도 프로그램 전체 등장인물 중에서 장애인은 채 1퍼센트를 넘지 않는다. 국내 등록 장애인만 260만 명, 비등록 장애인까지 더하면 500만 명에 이를 것으로 추산된다.[136] 그런데도 미디어 속에서 장애인은 철저히 비가시화 되었다.

미디어에만 국한되지 않는다. 장애인 비가시성의 더욱 구조적인 문제는 장애인을 지역 사회로부터 분리하는 데 있다. 서울올림픽이라는 역사적 이벤트를 맞았던 1980년대, 장애인을 강제로 대규모 시설에 분리 거주시킨 정책은 장애인 비가시화의 대표적인 국가 조치였다.[137]

이후 반세기가 흘렀지만 여전히 3만 명이 넘는 장애인이 엄격한 규율의 시설에 머문다. 이들의 80퍼센트는 비자발적 입소자다.[138] 안전을 위해서라고 주장하지만 오히려 대규모 시설이 위험한 공간이 된 사례가 적지 않다. 시설에서 발생하는 인권침해는 지역 사회로부터 분리 및 고립된 폐쇄성 때문에 밖으로 드러나기 어려우며, 강제된 규율 속에서 거주자는 자신의 삶에 대해 사생활도, 자율권도 갖기 힘든 경우가 많다.[139]

이렇게 공동체에서 분리된 장애인은 사회적 배제 속에서 타자화Objectification되며, 시설에 머물 수밖에 없는 결핍되고 열등한 존재로 낙인찍힌다. 이들을 더 불쌍한 존재로 포장해야 더 많은 지원금과 후원금이 들어오는 시설 운영의 역설은 장애인에 대한 낙인을 굳힌다.[140] 비가시화된 인간은 더욱더 사회로부터 분리되면서, 비가시화가 필요한 존재로 각인되는 것이다.

우리 사회는 시설 사회라는 오명을 쓸 만큼 아주 오랜 세월 이른바 시설이나 제한된 지역에 약자와 소수자를 격리하며 끊임없이 비가시화해 왔다. "자유와 평등이 보장"되기 힘든 인권의 사각지대로 "장애인, 노인, 보호자 없는 아동 등"을 공동체와 분리하는 정책을 국가가 추진해 온 역사다.[141] 형제복지원, 선감도, 소록도의 폭력과 인권유린은 그 역사 속에서 발생했다. 이유는 간단하다. 덜 보이길 원하기 때문이다. 비가시화가 지속되고 당사자와 문제가 드러나지 않는 한 사회는 크게 고민할 필요도, 변화할 이유도 없다.

나쁜 세상을 균열 내는 몸짓들

Dignity Plan   How do we fight a bad world

장애인 탈시설운동

갇히지 않겠다

몸짓과
몸짓의 연대기

3장에서 반인권의 기제를 다루었다면 4장에서는 여기에 맞서는 존재들의 여정을 살펴보면 좋겠다. 침묵의 문을 열고 게토의 벽을 넘는 사람들, 나쁜 세상에 균열을 내는 움직임에 관해 조명하고자 한다. 가능하면 정책과 제도의 측면까지 부분적이나마 다뤄볼 생각이다. 구체적으로 장애인 탈시설운동, 성소수자 프라이드운동을 소개하고 자력화 개념을 짚는다. 이들 운동은 혐오, 범죄화, 낙인, 배제, 비가시화, 게토에 대한 총체적 대응의 맥락 위에 있다. 자력화는 이 운동의 전제인 동시에 지향이다. 나는 이전 장의 제목을 '다채롭게' 나쁜 세상이라 붙였다. 맞물려 연동하는 반인권 기제의 여러 양태를 의도적으로 비꼰 수식어다. 그러나 실제로 다채로운 것은 반인권에 맞서는 우리 몸짓이라 해야 맞다고 생각한다. 이 몸짓의 힘과 근원이 다채로운 이유를 4장에서 7장에 걸쳐 하나하나 풀어낼 것이다.

한국 사회에서 사회적 소수자들은 시민사회의 발전과 함께 1980년대 이후 본격 조직화했다고 보는 관점이 일반적이다. 이후 사회적 소수자운동은 각 소수자 집단이 원하는 사회 변화를 목표로 발전해 왔다. 특히 2001년 국가인권위원회 설립 이후 인권이슈가 전면에 등장하며 비로소 사회적 주목을 받기 시작했다.[142] 작은 몸짓이 역동으로 나아가는 여정은 약자와 소수자 당사자의 자각, 공동체의 관여, 인권담론의 활성화, 정치적 사회적 체제 마련, 정책과 제도의 변화와 함께한다. 물론 선형적인 것도, 순차적인 것도 아니지만 적어도 서로를 견인하는 것만큼은 분명하다.

그런데 이 관계와 여정을 거시적 관점에서 바라볼 때 이견이 드러나는 경우는 많지 않다. 함께 존엄한 삶으로 나아가자는 원론적 지향을 부정하기는 어렵기 때문이다. 악마는 디테일에 있다. 각론, 즉 개별적 인권운동이 마주한 현실의 벽과 한계, 논쟁적 지점을 고민할 때 우리는 인권적 사유의 폭을 보다 넓힐 수 있다. 따라서 이 장에서 논란과 쟁점이 있는 운동을 일부러 선택했다. 이제 소개할 인권운동에는 반대의 목소리, 때론 설득력 있어 보이는 반대 논거가 존재한다. 사실 모든 인권운동이 그러했다. 싸움의 맞은편에는 반인권 기제에서 힘의 원천을 얻는 세력의 저항뿐 아니라 전혀 무관해 보이는 사람들, 심지어 약자와 소수자 당사자로부터의 반발도 존재한다. 무지해서도, 차별이나 폭력을 옹호해서도 아니다. 혼란과 불안 때문이다. 구조적인 문제로 야기되는 갈등 때문이기도 하다. 반인권 세력은 이런 불안을 다시 그들의 논거로 가져다 쓰며 인권적 역동을 방해한다. 이 맥락까지 살펴볼 수 있길 바란다.

보이는
혹은 보여야 하는

첫 번째로 소개할 나쁜 세상에 균열을 내는 몸짓은 장애인 탈시설운동이다. 탈시설화Deinstitutionalization란 장애인이 분리 수용된 시설에서 벗어나 자립적으로 지역 공동체 속에서 생활하게 되는 것을 의미한다. 시민권의 회복과 주체성의 복원이다. 앞서 비가시화에서 다뤘던 대규모 장애인 시설 속 인권침해는 장애인을 분리하여 거주시켰던 대부분 국가에서 발생하였다. 이에 맞서는 대응으로 장애인 탈시설운동은 1960년대 북유럽을 중심으로 시작되어 영국과 미국으로 퍼졌고, 우리나라에서 2010년대부터 본격화했다. 세계적으로 탈시설운동의 초기 목표는 단순히 대규모 시설을 벗어나 거주를 지역 공동체로 옮기는 것이었으나 1970년대 이후 지역 사회의 제도 개선, 사회 전반의 인식 변화를 목적하는 운동으로 진화하였다. 특히 스웨덴은 탈시설화의 대표적인 국가로 2000년에 30인 이상 대규모 장애인 거주 시설을 완전 폐쇄하여 탈시설화를 실현하였다.

좀 더 구체적으로 탈시설화는 좁은 범위의 개념과 넓은 범위의 개념으로 나눠볼 수 있다. 엄격한 의미에서 탈시설화란 장애인이 "시설을 나와 지역 사회의 일반주택에서 자립생활을 하는 것"으로 한정된다. 지역공동체로의 완전한 통합이다.

반면 보다 넓은 의미의 탈시설화는 "대규모 시설보호에 비해 상대적으로 탈시설화된 방식과 노력"까지 포괄한다. 지역 공동체 속 자립적 삶이라는 목표는 같지만, 대형 시설 의존을 벗어나는 것에 중심을 두고 기존 대규모 시설의 소규모화, 환경 개선까지 탈시설화 범주에 포함시킨다.

전자의 관점에서 국제 사회의 인권규약은 다섯 명에서 여덟 명 정도가 거주하는 그룹홈 등 소규모 공동 시설로의 이주는 탈시설화라고 보기 어렵다 밝히지만, 후자의 관점에서는 큰 틀에서 시설의 소규모화까지 탈시설에 해당한다. 우리나라에서 정부의 주요 정책은 후자에 보다 초점을 맞춘다.[143] 장애인 인권단체들은 이런 정책은 거주 시설의 개편일 뿐 탈시설화의 본질을 실현하기는 어렵다고 비판한다.[144]

탈시설에 대한
이견

장애인 탈시설운동을 둘러싸고 크게 두 측면에서 갈등이 존재한다. 첫째, 장애인을 끊임없이 분리하여 비가시화하려는 움직임 때문에 촉발되는 갈등이다. 특히 사고나 범죄가 발생했을 때 가해자가 장애인이면 오직 이 속성에만 주목하여 다른 맥락은 모두 소거한 채 특정 장애가 있는 장애인을 지역 사회에서 분리해야 한다는 주장이 힘을 얻는다. 여기에 투사된 혐오, 반인권 기제의 폐해는 3장에서 다룬 바 있다.

적어도 인권의 관점에서 이런 주장에 대한 문제 인식과 비판은 명료하다고 볼 수 있다. 사건 이면에 존재하는 사회 구조적인 문제, 그동안 누적된 폐해의 표출, 국가의 인권책무 방기를 짚어야 한다. 이 말은 개별 사건이 중요하지 않다는 뜻이 아니다. 피해자의 보호, 구제, 대응책 마련을 최우선에 두되 개별 사건에서 장애인이라는 속성이 과장되는 문제가 반복된다는 점을 기억하고, 반인권 기제를 경계해야 한다는 의미다. 우리는 혐오, 낙인, 배제, 차별의 근원에 장애인 비가시화가 있음을 명확히 짚고, 이를 바로잡는 과정과 개별적인 문제를 구분하여 대응해야 한다.

두 번째 갈등은 좀 더 복잡하다. 탈시설화가 모든 장애인에게 해당할 수 있는가에 대한 의문과 탈시설화의 시기 및 속도를 둘러싼 갈등이다. 2025년 4월 말 프란치스코 교황이 선종했다. 세계적으로 깊은 애도에 잠긴 시기 장애인 인권운동가들은 혜화동성당 종탑에 올라 천주교를 규탄하는 시위를 벌였다. 천주교의 장애인 거주 시설을 비판하고 탈시설을 촉구하는 농성이었다. 나는 이 장면을 대단히 복잡한 심경으로 지켜보았다. 시위 참가자들은 천주교가 전국 175개 장애인 거주 시설을 운영하면서 탈시설 정책에 노골적으로 반대하는 등 장애인의 탈시설 권리를 부정한다고 지적했다.

반면 천주교는 중증 발달장애인, 최중증장애인의 탈시설화는 지역 사회 편견과 차별, 준비 부족 같은 현실을 외면하고, 돌봄을 장애인 당사자와 가족에게 전가하며 도리어 장애인의 존엄을 훼손하는 결과를 낳는다고 주장한다.[145] 물론, 천주교계 안에서도 탈시설화 필요성에 대한 공감과 연대가 존재하며, 탈시설화를 둘러싼 논쟁과는 별도로 교황 선종 후 추모기에 벌인 농성의 시기와 방식이 과연 적절한가에 대한 비판이 있지만, 여기서는 논쟁의 핵심에 집중하고자 한다.

갈등이 얼마나 첨예한지는 장애인 당사자와 가족 등 주체의 의견 역시 갈린다는 점에서도 알 수 있다. 운동을 이끌거나 지지하는 주체의 관점에서 탈시설화는 대규모 시설에서 발생했던 장애인 인권침해에 대한 더 근본적인 대응일 뿐 아니라 오랜 시간 장애인을 억압해온 반인권 기제와 싸움, 장애인 자립의 표상이기도 하다. 반면, 시설의 도움을 받지 않으면 생활이 힘든 장애인과 가족에게 탈시설화란 시설을 대신해서 돌봄의 책임을 오롯이 가족이 떠안아야 하는 일이며, 인간다운 삶의 보장이 아니라 죽음으로 내모는 것[146]이라는 외침 역시 엄연히 존재하는 것이 현실이다.

탈시설운동의 본질

복잡하다고 밝힌 것처럼 이 논쟁을 두고 누가 옳다 그르다고 잘라 말하기란 쉬운 일이 아니다. 균형이 필요하다는 식의 접근 역시 곤혹스럽기는 마찬가지다. 균형은 참 멋진 말이다. 그러나 적어도 인권에서 이 말은 양가적인 의미가 있다. 1장 국가책무성에서 짚었듯 인권에서 균형, 조화, 중립이라는 덕목은 되레 반인권을 방관하고 인권의 관여를 지연시키는 데 왕왕 악용돼 왔다.

    따라서 이걸 먼저 확실히 하고 싶다. 인권은 보편성을 전제한다. 유엔장애인권리협약은 인간 존엄의 구체적인 실현 원칙으로 포함Inclusion을 제시한다.[147] 보통 '포용'이라 표기하는 경우가 많으나 남을 너그러이 감싸 수용한다는 사전적 의미의 '포용'이 자칫 비장애인의 선의나 배려, 시혜를 강조하는 것으로 오해될 여지가 있어 여기서는 '포함'이라 적는다. 보편과 포함의 반대편에 배제가 있다. 탈시설운동은 장애인을 공동체에서 배제하는 인식, 기제, 정책, 제도를 바꾸려는 인권적 역동이다. 이점을 분명히 하고 탈시설화에 대한 찬반의 논쟁적 접근을 좀 벗어나 탈시설운동의 본질을 짚어보면 좋겠다.

첫째, 탈시설운동의 범주를 생각해 보자. 시설의 입장에서 탈시설화는 존립에 직결된다. 따라서 지역 사회의 준비 부족, 공동체에 존재하는 편견과 낙인을 마치 탈시설화운동에 내재된 문제인 양 왜곡하여 시설을 유지해야 하는 필요의 논거로 이용하는 측면이 있다.

그러나 탈시설운동은 장애인이 시설 밖에 거주하면 끝나는 게 아니라 이를 위한 사회 전반의 변화를 아우른다. 장애인과 비장애인을 분리하는 시설 중심의 정책에서 지역 공동체 기반의 정책으로 복지 서비스 체계를 변화시키는 데[148] 탈시설운동의 함의가 있다. "장애인이 지역 사회 안에서 보통의 삶을 살기 위해서"는 탈시설의 "준비, 전환, 정착"[149] 전 과정에 걸쳐 정책, 인력, 서비스의 체계적 작동이 필요하다. 또, 주거를 비롯하여 필요한 재화나 서비스를 이용하는 데 장애인 당사자가 지역 사회의 혐오와 차별을 마주하는 일이 최소화되도록 지원 정책은 물론 사회적 인식의 제고까지 세밀하게 살피는 게 중요하다. 탈시설화는 장애인의 가시화를 넘어 탈시설 이후 장애인 삶의 존엄을 보장하는 방향으로 제도를 바꿔내는 운동이다.

둘째, 바로 이 점 때문에 탈시설운동은 장애를 바라보는 관점, 장애 개념의 전환과 이어진다는 점에 주목해야 한다. 우리 법은 장애를 "신체적, 정신적 손상 또는 기능 상실이 장기간에 걸쳐 생활에 제약을 초래하는 상태"[150]라 협소하게 정의한다. 반면 인권규범에서 장애는 시대의 흐름과 사회의 발전에 따라 계속 변화하는 개념이며, 장애인이 비장애인과 동등하게 사회에 "참여하는 것을 저해하는 태도 및 환경적인 장벽"에서 역시 장애는 기인한다고 밝힌다.[151]

탈시설운동은 장애에 대한 관점을 개인적 차원에서 인권규범이 밝힌 사회적 차원으로 확장한다. 오랫동안 우리 사회는 장애를 극복돼야 할 개인의 문제, 장애인을 도움과 지원이 필요한 존재로 규정하면서 결핍, 훼손, 열등함과 같은 속성을 투사해 왔다. 탈시설운동은 거주 및 생활 공간이라는 프리즘을 통해 공동체와의 연결, 사회 환경의 개선, 정책과 제도의 대전환이라는 인권의 대응을 펼쳐 보인다.

셋째, 따라서 탈시설에 대한 현실적 한계가 있더라도 탈시설운동이 반인권 기제에 맞서 장애인의 존엄을 실현하고 나아가 모두의 인권을 증진하는 인권적 역동 위에 있음을 인정해야 한다. 물론 신체장애인의 경우와 중증 발달장애인, 최중증장애인의 경우는 필요한 정책, 인력, 서비스가 다르며, 때문에 탈시설 속도는 일정 사회적 협의와 합의가 요구되는 문제일 수 있다. 특히 급속한 탈시설에 대한 중증 발달장애인, 최중증장애인 당사자 및 가족의 불안은 우선적으로 고려해야 할 사안일 것이다. 그러나 탈시설화가 지향하는 가치, 탈시설운동이 갖는 의미가 폄하될 수는 없다.

넷째, 장애인 탈시설화가 돌봄 노동의 부담을 가족에게 부과하는 방식이 되어서는 안 된다는 점에 합의해야 한다. 탈시설은 장애인이 온전히 사회로 돌아오는[152] 형태여야 마땅하다. 이 말은 탈시설 지원 체계가 곧 탈가족 지원 체계여야 한다는 의미다. 탈시설운동에서 장애인 당사자와 가족이 자칫 시설과 지역 사회에서 동시에 배제되는 최악의 상황이 발생한다면 운동의 효과가 저해될 뿐 아니라 명분과 정당성에도 위배된다.

나는 발달장애인 가족들이 울음을 쏟으며 오체투지하던 현장을 생생하게 기억한다. 자해, 자살 시도, 친족 살인 등 발달장애인 가족 참사는 매년 발생한다. 더 이상 죽이지 말라고 외치며 전국장애인부모연대의 국회 앞 집회는 지금도 이어지고 있다.[153]

인권은 끊임없이 국가의 책무 이행을 요구하는 개념이라는 점을 상기하자. 탈시설화에는 지역 공동체 속 장애인 돌봄의 책임이 누군가에게 일방적으로 전가되는 일이 없도록 국가의 책무를 강화하려는 의지가 내재되어 있다.(한편, 흔히 쓰는 '돌봄'이라는 표현에 관해서도 되돌아볼 필요가 있다. 돌봄이라는 말에 함몰되면 장애인을 외부의 도움이 반드시 필요한 의존적, 수동적 존재로 대상화하여 우리가 가장 경계하는 편견과 낙인의 굴레에 빠질 수 있다. 따라서 돌봄이란 용어는 제한적으로 사용돼야 한다).

다섯째, 그렇기에 우리는 탈시설 '운동'에 대한 우려와 탈시설화 '정책'에 대한 우려를 분리할 필요가 있다. 일견 현재의 탈시설화 흐름을 비판하는 시각이 탈시설운동에 대한 반대로 보일 수 있지만 엄밀히 말하면 인권책무를 진 국가의 준비 부족이나 정책 미흡에 대한 비판이라고 봄이 정확하다.

흔히 신체장애인과 발달장애인의 탈시설 요구는 다르다고 말한다. 발달장애인의 경우 시설을 나와 자립하는 것은 훨씬 어려운 일이며 준비 부족 상황에서 탈시설은 오히려 존엄을 훼손할 수 있다는 주장이다.[154] 이는 탈시설운동의 지향과 의미에 대한 반대가 아니라 탈시설화에 반드시 필요한 국가의 책무 이행, 예산, 정책, 지역 사회 시스템과 서비스의 구축에 대한 요구라고 할 것이다. 혜화동성당 종탑 시위는 이 점을 환기한다. 인국공사태, 지하철역 장애인 이동권 투쟁처럼 누가 옳다, 그르다 논쟁만을 통해서는 문제의 핵심에 가까이 가기 어렵다. 탈시설 속도에 대한 염려는 달리 말하면 탈시설 준비 부족과 국가 권력의 안이한 대응에 대한 비판이다. 이 지점이 바로 이 운동에서 뒷짐 지고 빠져 있는 국가를 반드시 소환해야 하는 이유다.

성소수자 프라이드운동

자긍의 무지개

성소수자 싸움의 역사

다음으로 살펴볼 몸짓은 성소수자 프라이드 인권운동이다. 성소수자 집단에서 나쁜 세상과의 싸움은 혐오, 범죄화, 낙인, 배제, 비가시화 같은 기제에 차례로 대응하는 방식으로 전개됐기에 인권운동의 이정표라 할 만하다. 그 역사부터 먼저 간략하게 돌아보자.

다만, 여기에 간추린 역사가 유럽과 미국 중심의 서사라는 한계는 먼저 밝혀야 할 것 같다. 아래 상세히 다룰 스톤월 항쟁과 그 이후 성소수자 인권운동의 발전 담론은 지나치게 서구 강대국 위주의 접근일 뿐 아니라 인권의 역동을 단편적, 선형적으로 해석하는 측면이 있다. 일례로 어느 국가 혹은 지역에서는 성소수자의 자녀 입양이 성소수자 인권운동의 현안인 반면 다른 국가 혹은 지역에서는 성소수자 존재 자체를 부정하고 범죄화하는 게 현실이다.

멀리 갈 필요도 없다. 당장 같은 아시아 국가임에도 불구하고 대만이 20여 년에 걸친 혼인평등운동의 결과 2019년 동성결혼 법제화를 이루었지만, 한국은 관련 논의를 시작도 하지 못한 상황이다. 여기에는 지역, 정치, 경제, 종교, 문화 등 숱한 사회적 맥락이 관여한다. 성소수자 인권운동뿐 아니라 여타 다양한 인권적 역동을 단순히 선형적으로 나열하여 진화와 발전을 가늠할 수는 없다.

이런 한계에도 불구하고 미국과 유럽 중심의 성소수자 인권운동 역사를 살피는 이유는 반인권에 맞서는 역동의 변화, 스펙트럼을 상대적으로 뚜렷하게 보여주기 때문이다. 또한 한국 사회에서 논쟁적인 성소수자 축제, 퀴어 프라이드의 문제를 이 스펙트럼 위에 펼쳐 보기 위함이기도 하다.

다른 소수자 집단과 마찬가지로 인권의 원칙들이 무시된 채 존엄을 박탈당한 역사 속에 성소수자는 존재한다. 수십 년 전만 해도 성소수자의 권리를 인정하는 곳은 찾아보기 어려웠다. 한국뿐 아니라 주요한 인권적 성취를 이뤘던 국가들에서도 역시 마찬가지다. 심지어는 죄인이나 치료의 대상자로 취급받았다.[155] 우리가 앞서 짚었던 '존재의 범죄화'였다. 따라서 성소수자 인권운동의 초기 단계에는 성소수자를 범죄화하는 법률의 철폐, 성소수자의 법적 수용이 궁극적인 목표가 되었다.

이어 해방운동Liberation movement의 시대가 도래하며 성소수자의 권리에 관한 주장이 확장된다. 운동의 초점이 동성애의 비범죄화에서 동성애자의 더 광범위한 평등권 인정으로 변화한 것이다. 법 앞에서 평등뿐 아니라 보다 일상적인 평등 실현을 목적하는 반차별 운동이었다. 이를테면 동성애자라는 이유로 해고되어서는 안 될 뿐 아니라 고용에서 차별받아서는 안 된다는 기회균등의 의제들이 포함되었다.[156] 사회적 배제를 전면에서 다루며 불평등에 맞서려는 의지가 표면화된 시기다.

그러는 사이 1980년대 중반부터 더 적극적이고 구체적인 주장이 등장한다. 성소수자 역시 결혼과 입양 및 자녀 양육에 있어 비성소수자와 동등한 권리를 누려야 한다는 내용이었다. 당시 법률을 통해 성소수자의 평등권을 대폭 수용해 왔던 북유럽 국가들에서조차 동성 혼인과 자녀 양육은 꽤나 논쟁적인 영역이었다.[157] 실정법에서 마지막으로 남아 있는 차별과의 싸움이 본격화한 것이다. 참고로, 자녀 양육과 입양에 있어 평등은 혼인 평등보다 훨씬 풀기 힘든 난제로 현재까지 이어지고 있다. 앞서 언급한 대만의 경우 동성 커플의 혼인은 법제화하였지만 비성소수자 커플과 "동등한 입양권을 인정하지 않는다."[158]

한편, 비슷한 시기 성소수자 인권운동은 그 의제가 급변하는 결정적 계기를 맞게 된다. AIDS 위기였다. '게이 암Gay Cancer'이라 불릴 정도로 공포와 혐오가 난무하는 혼란 속에서 대응, 극복하는 과정을 통해 성소수자 인권운동은 보건, 복지 영역까지 확대된다. 성소수자와 관련된 정책이 사회 전반에 광범위한 영향을 미친다는 인식이 높아지는 계기가 마련된 가운데 성소수자뿐 아니라 장애인, 의료 약자의 의료권, 노동권, 건강권과 깊이 연결된다. 이와 같은 확장을 바탕으로 1990년대를 지나며 성소수자 인권운동은 '세계화, 정체성, 정치참여' 등과 같은 새로운 주제를 도입[159]하며 오늘에 이르게 되었다.

성소수자운동의 변화는 인권운동이 역사적으로 그 당시 두드러지는 새로운 정치적 의제를 소화하며 발전해 왔음을 보여준다. 또 인권을 억압하는 숱한 반인권의 기제들을 새로 확인하고 인식하며 대응해 왔음을 의미한다. 결과적으로 인권의 발전이란 반인권의 문제, 나쁜 세상은 도대체 무엇이 나쁜가에 대한 우리 감각의 발전이라는 점을 시사하는 대목이다.

마침내
벽장을 열어젖히는

지금까지 성소수자운동을 거시적 관점에서 축약했다면 이제 시선을 조금 달리해보자. 대응했던 반인권 기제를 기준 삼아 성소수자 인권운동의 역사를 살피는 게 외부의 시선이라면, 이어질 이야기는 이 역사의 근저에서 작용했던 내부의 정신에 더욱 내밀하게 다가서는 일이라고 생각하면 좋겠다.

2025년 4월 국내 아이돌 그룹의 멤버가 해외 공연에서 커밍아웃하며 작은 반향이 일었다. 활동 중인 남자 연예인이 공개적으로 소수자로서 자신의 성적 지향을 밝힌 건 무려 25년 만이라고 한다. 방송에서 퇴출당하는 등 앞서 커밍아웃으로 온갖 고초를 겪었던 선배 연예인은 그에게 커밍아웃에도 용기가 필요하지만 이제 자신을 버텨내는 데 더 큰 용기가 필요할 것이라고 조언했다. 이 조언에서 내가 특히 주목했던 것은 그가 후배에게 전하는 '축하'였다.[160] 축하한다는 짧고 단순한 말. 여기에는 우리가 이제 들여다보려는, 성소수자 인권운동의 뿌리를 내리고 열매를 맺었던 세 가지 본체가 모두 들어 있다. 커밍아웃의 본질로써 가시화, 성소수자로서 자긍심, 이를 가능하게 하는 자력화다.

많은 국가에는 성소수자에 대한 혐오를 처벌하는 법률이 있고, 각종 인권조약에서도 이를 규제한다. 하지만 한국에서는 성소수자 혐오 표현이 가벼운 제재조차 받지 않는 것이 현실이다.[161] 미국과 유럽의 경우 성소수자가 오랫동안 눈에 띄었는데, 이는 성소수자에 대한 증오심이나 범죄도 노골적으로 드러났다는 뜻이기도 하다. 그래서 당해 국가는 이를 방지하기 위한 제도적 전략을 마련하게 되었을 수 있다. 여기에 비해 한국에서는 성소수자에 대한 혐오가 오래전부터 존재했음에도 불구하고, 성소수자들이 사회적으로 가시화된 게 상대적으로 얼마 되지 않았다. 때문에 그에 대한 혐오 표현도 근래에 대두되는 것이라는 분석이 설득력 있다.[162]

다른 소수자 속성과 비교할 때 성소수자의 속성이란 비가시적인 측면이 강하고, 게토를 넘어서며 감당해야 하는 위험이 너무 큰 반면 자신의 성소수자성을 공개적으로 드러내지 않는다면 게토 안에 어느 정도 안정적으로 머물 수 있다. 커밍아웃은 이렇게 숨거나, 혹은 숨도록 강요됐던 성소수자가 사회적으로 등장하는 시발始發이다. 커밍아웃의 필요성을 알리고 더 나아가 이를 독려, 축하하며 연대로 잇는 것이 성소수자 커밍아웃운동이다.

세계적인 성소수자 커밍아웃운동의 분기점이 된 역사적 사건이 하나 있다. 다시 미국으로 가보자. 미국의 성소수자운동 역사에서 1950년대부터 1960년대까지는 이른바 '우리 얘기 좀 들어봐 줘Give us a hearing'의 시대라고 볼 수 있다. 이 시기 성소수자들은 비교적 조용하게 사회적으로 눈에 띄는 중이었다. 정적이고 점진적인 가시화다. 그런데 이런 양상을 완전히 바꿔낸 결정적인 계기가 발생한다. 스톤월 항쟁Stonewall riots이다.[163]

스톤월 인Stonewall Inn은 뉴욕의 크리스토퍼 스트리트에 위치한 성소수자 클럽이었다. 성소수자로 밝혀지면 온갖 수모와 고초를 겪어야 하는 현실에서 이들이 모여 어울릴 수 있던 스톤월 인은 언제나 붐비는 장소였다. 1969년 6월 28일 새벽. 뉴욕 경찰은 스톤월 인을 급습한다. 그전에도 종종 경찰의 검열이 있었지만 형식적인 방문에 그쳤던 것에 반해 그날은 달랐다. 현장에 있던 수십 명의 성소수자가 체포 및 구타당하는 일이 발생한다. 성소수자와 현장을 지켜보던 지역 주민이 거칠게 항의하며 사건은 커졌다. 시위자들이 돌과 집기를 던지고 경찰이 최루탄을 발사하는 극심한 충돌이 일주일여 계속된다. 그로부터 1년 후. 1970년 6월 28일 뉴욕에 다시 모인 성소수자들은 사건이 발생했던 그날을 크리스토퍼 스트리트 해방의 날Christopher Street Liberation Day로 명명하며 시가 행진을 주최한다. 이때를 시작으로 해방의 행진은 미국 전역으로 확산되며 현대 성소수자운동은 새로운 국면을 맞게 되었고, 최초의 시발점이 된 스톤월 사건은 스톤월 항쟁이라 불리기 시작했다.

스톤월 항쟁은 미국을 넘어 전 세계 성소수자운동을 더 적극적이고 집단적인 인권운동으로 전환시켰다고 평가받는다. 약자, 소수자의 가시화와 관련하여 이 전환이 중요한 이유는 이전 '우리 얘기 좀 들어봐 줘'의 시대에서 '여기 우리가 있다Here we are' 시대로의 도약을 의미하기 때문이다. 이제 성소수자 인권운동은 주권자 스스로 자신의 존재를 드러내고 벽장 밖으로 나가자는 커밍아웃 운동으로 진전한다.

커밍아웃과
프라이드

스톤월 항쟁 이후 매년 이를 기념하는 행진은 성소수자 인권운동의 상징으로 자리 잡으며 축제의 형태로 변모해 왔다. 바로 이 축제를 다른 이름으로 퀴어 프라이드Queer pride라고 부른다. 자신의 존재를 세상에 드러내는 커밍아웃운동의 맥락 위에서 퀴어 프라이드는 성소수자가 집단적으로 자신의 존재를 세상에 알리고, 서로의 존재를 확인하는 축제다. 프라이드라는 이름에서 알 수 있듯이, 존재감을 서로 격려하고 축하하는 동시에 범죄화, 혐오, 배제, 낙인, 차별의 역사 속에서 자기부정과 강요된 부정적 내재화를 벗어나 자존감, 자긍심을 고양하는 축제이기도 하다.

퀴어 프라이드를 단순히 행사, 이벤트로 보지 않고 '성소수자 프라이드운동'이라 명명하는 이유는 지난 수십 년의 역사 속에서 지속성을 담보해 왔을 뿐 아니라 성소수자 인권의 현실이 국가나 지역마다 매우 다름에도 불구하고 북유럽부터 남미, 아시아까지 셀 수 없이 많은 도시에서 개최되며 세계적으로 성소수자 연대를 확장해 왔기 때문이다. 여기에 담긴 정신과 행위는 성소수자 커뮤니티와 네트워크를 연결하고 강화했으며, 장애인, 여성, 이주민 등 수많은 다른 약자, 소수자와 함께 연대하는 방향으로 진화했다.[164]

커밍아웃운동과 프라이드운동을 분리하기는 어렵지만 기능의 측면에서 차이를 살펴볼 수는 있다. 뒤에 6장에서 다시 다루겠지만 두 운동에서 중심을 이루는 서사, 당사자에게 미치는 정서적 영향이 조금 다르기 때문이다. 예컨대 커밍아웃은 가시화의 측면, 게토를 벗어난 주체적 등장의 측면에 더해 성소수자의 정체성에 있어 '자신을 얼마나 명확하게 사회적 존재로 규정해 내는가(자기범주화)'의 측면에 보다 집중한다. 반면 프라이드는 상대적으로 가시화와 함께 '성소수자로서 자기 존재의 긍정(성소수자라는 집단에 대한 인식의 변화 및 긍정적 평가)'에 더 주안을 둔다고 볼 수 있다. 물론 커밍아웃해야 프라이드를 느끼는 것은 아니다. 프라이드가 있어야 커밍아웃이 가능한 것도 아니다. 선후, 인과관계로 두 운동을 이해하기보다는 조금씩 다른 기능과 영향을 통해서 성소수자의 자력화에 기여하고 인권을 견인한다고 봄이 타당하다.

한복판이 아니면

우리는 4장에서 게토, 비가시성을 통해서 약자와 소수자에게 침묵을 강요하는 사회적 억압을 살펴본 바 있다. 장애인 이동권 투쟁, 여성과 이주민 시위가 특히 도심이나 번화가에 있을 때 다음과 같은 말을 심심치 않게 듣는다. "떠들려면 조용히 떠들지, 왜 여기 떼로 모여 소란인가!" (도대체 조용히 떠들기가 어떻게 가능한지 의문이기는 하다.) 퀴어 프라이드에도 비슷한 말이 쏟아진다. "왜 하필 벌건 대낮 도시 한복판에서 성소수자 축제를 여는가?" 이 답 역시 프라이드운동의 정신에서 찾아보면 좋겠다.

매년 성소수자 축제는 난장판이 되기 일쑤다. 주최 측이나 참가자 때문이 아니다. 축제를 방해하는 군중이 길을 막고 내내 혐오 발언을 쏟아내기 때문이다. 폭력 사태를 대비해 경찰까지 배치된다. 심지어 축제 공간이 공권력에 의해 억압되기도 한다. 실제로 지자체에서 광장 사용 허가를 내주지 않아 축제 장소를 마련하는 데 애를 먹는 경우가 허다하고, 준비 과정부터 노골적인 압박이 빈번하다.[165]

어느 지자체장 보궐선거 토론회에서 한 후보자가 이런 주장을 폈다. "퀴어 축제는 도심 외곽에서 진행되어야 한다."[166]

시민들의 눈에 띄지 않는, 그래서 소위 불편하지 않은 곳에서 개최돼야 한다는 취지다. 전형적인 비가시화를 의도하는 발언이다. 그러나 이는 축제의 정신에 정면으로 반한다. 퀴어 프라이드가 근본적으로 가시화를 목적하기 때문이다. 가시화를 위한 축제의 마당은 눈에 잘 띄는 곳, 도시의 한복판이어야 하고 가장 잘 보이는 형태로 등장함이 마땅하다.

퀴어 프라이드에 반대하는 세력은 축제 참가자의 복장이나 기념품 등 축제 과정에서 드러나는 성소수자성의 표현이 너무 노골적이라며 문제 삼기도 한다. 그러나 이런 표출 역시 가시성을 담보하려는 축제의 목적과 연관된다. 또, 오직 이성애만을 정상으로 규정하는 이성애 규범성을 비판하는 축제의 정신을 반영한다. 다양한 성적 비유와 상징을 통한 성 정체성, 성적 지향, 성적 자기결정권의 표출이 축제의 본질인 것이다.

표현 일부의 문제로 프라이드운동을 부정할 수는 없다. 물론, 성소수자성의 표현이 사회적으로 문제가 될 만큼 선정적이라면 사회적 수용성의 측면에서 살펴볼 수도 있을 것이다. 그러나 실제로 그러한가를 먼저 짚어야 한다. 다른 나라, 도시의 퀴어 프라이드와 비교할 때 한국의 퀴어 프라이드는 훨씬 절제됐다고 봐야 정확하다. 이는 성에 관한 담론을 터부시해 온 우리 사회의 문화 영향으로 보인다. 그런데도 축제에 반대하는 세력은 과장, 왜곡하여 축제의 의미를 훼손하고 참가자를 비난한다. 극히 소수의 노출을 확대하여 선정성 논란으로 끌고 가려는 시도를 계속해 왔다.

모든 퀴어 프라이드에는 여섯 색깔 무지개 깃발이 등장한다. 성소수자의 상징이기도 하다. 1978년 미국 샌프란시스코의 예술가 길버트 베이커Gilbert Baker에 의해 만들어진 깃발이다. 본래 기존 무지개에 성소수자성, 섹슈얼리티를 상징하는 분홍

색을 더해 여덟 가지 색상이었으나 최종적으로 여섯 색을 사용하게 되었다. 이제 이 무지개는 성소수자뿐 아니라 평화와 다양성 운동, 여러 약자와 소수자 운동의 상징이 되었다.[167]

깃발을 들고 선다는 것은 더 이상 침묵하지 않겠다는 선언이다. 보고 싶지 않다고 사회가 자꾸 지운 사람들이 자신이 이곳에 있다고 도심에서 소리친다. 이 외침은 퀴어 프라이드에도, 가장 이동 인구가 많은 지하철역의 장애인 이동권 투쟁에도, 빌딩 숲 가운데 광화문 광장의 미투 시위에도, 차별금지법 제정을 위한 서울시청 점거 현장에도 있었다. 사회적, 전면적 등장의 무대는 이 사회의 한복판이래야 마땅하다. 반인권에 맞서는 첫걸음은 드러나는 것.[168] 혐오, 낙인, 배제, 차별, 게토와 스테이터스큐 속 존재가 스스로를 드러냄은 결코 작은 일이 아니다. 인권역동의 희망은 거기에서 시작된다. 자력화와 연결되는 지점이기도 하다.

> 자력화

스스로 조건 없는 존엄

저 용기는
어디에서 왔는가

수십 명의 HIV 감염인과 인권운동가들이 런던 시내 한복판을 내달리고 있었다. 한복, 기모노, 영화 속 히어로 분장 등 저마다 이색적인 복장을 하고 사회적 혐오에 맞서는 마라톤을 벌였다. 당시 영국의 인권 NGO에서 인턴십 과정에 있던 나는 마라톤을 지원하며 반환점에서 깃발을 들고 서 있었다. 놀랍고 가슴 뛰는 장면이었다. 감추고 숨겨진 소수자들이 거리로 나와 소리친다. 장애인이, 성소수자가, 이주 노동자가 함께한다.

    그날 행사는 런던 어느 대학의 차별금지 관련 좌담회로 이어졌다. 좌담회장 입구에는 지난 수십 년 영국의 인권운동가들, 활동가들, 약자와 소수자들, 연대하는 시민들의 거리 위 시위를 촬영했던 사진들이 전시되어 있었다. 경찰에게 끌려가는 장면, 계란을 맞는 장면, 시위에 반대하는 사람들과 충돌하는 장면이었다. 사진을 오래 들여다보며 나는 그들이 감당했던 소란과 폭력을 생각했다. 저 용기는 어디에서 오는 걸까. 두려움에 맞서는 모습은 사람이나 집단마다 다를 것이나 혹여 그 깊은 곳에는 어떤 공통된 근원 같은 게 있지 않을까 궁금했다.

그로부터 몇 년 뒤 나는 다시 차별을 논하는 국내 어느 지자체 토론회장에 있었다. 정확히는 포괄적 차별금지법 제정을 위한 토론회였다. 그러나 분위기는 사뭇 달랐다. 토론자의 목소리가 들리지 않게 울리는 고성들. 토론회가 시작도 하기 전에 욕설과 고함이 난무하고 현장은 아수라장이 되었다. 사람들이 서로를 밀며 엉겨 붙었지만 안전요원은 별다른 조치를 취하지 않았다. 울음을 터트리는 활동가도 있었다. 그 뒤로도 차별금지법 토론회장은 비슷한 소란이 반복되기 일쑤였다. 당시 나는 그 혼란 속에서도 앞으로 몇 년 뒤 우리는 고단한 싸움 끝에 결국 포괄적 차별금지법을 갖게 되리라 의심하지 않았다.

하지만 내가 틀렸다. 코로나19를 거치며 한때 포괄적 차별금지법 제정에 찬성하는 국민은 90퍼센트에 육박했다.[169] 그러나 특정 시기 부상하는 정치 현안과 포괄적 차별금지에 반대하는 집단의 선전宣傳에 따라 여론은 요동쳤고, 2007년부터 본격적으로 추진된 포괄적 차별금지법은 아직도 제정이 요원하다.

독자의 이해를 위해 차별금지법에 관련된 이야기를 잠시만 더 해보자. 포괄적 차별금지법은 반인권의 여러 기제가 개별적으로 작동하는 게 아니라 얽히고설키며 연동連動한다는 점에 주목한다. 장애인차별금지법, 남녀고용평등법, 연령차별금지법, 비정규직 차별금지법 등 현행법에는 차별을 금지하는 여러 개별법이 있으나,[170] 앞서 소수자 개념에서 살펴본 것처럼 소수자에 대한 차별이 사회 영역 전반에 걸쳐 광범위하고 상호교차적이기 때문에 이렇게 특정 영역만을 다루는 낱낱의 차별금지법을 단순히 포개는 것만으로 제대로 대응할 수 없다. 내가 마주한 차별이 교차적, 복합적, 총체적인데 이를 임의로 쪼개서 이 차별은 여성이라서 받은 차별에 가까우니 '가' 법으로 구제받고, 이 차별은 장애인이라서 받은 차별 같으니 '나' 법을 적용하고, 이 차별은 비정규직 차별로 보이니 '다' 기관에 문의하고, 아니, 그게 아닌가? 다시 '나'로, '가'로, 이런 방식을 통해 차별을 금지하는 건 대단히 비효율적이다. 뿐만 아니라 여러 반인권 기제가 맞물리는 연동에 비효과적이며, 심지어 특정 소수자를 배제하는 결과를 낳는다. "차별 금지는 하나의 개별 권리가 아니라 전체 인권의 토대적 가치"이다.[171] 때문에 차별의 금지는 포괄적인 방향으로 나아가야 하는 것이다. 저 거대한 차별의 홍수 속에서 개별적 차별 금지가 포대를 쌓는 일이라면 포괄적 차별금지법은 둑을 짓는 일에 가깝다고 생각한다.

 어쨌든 혼란 속 토론회장에서 폭언을 감당하는 활동가들을 바라보며 나는 같은 질문을 떠올렸다. 거리에서 소란과 폭력을 감당하면서도 물러남 없는 약자와 소수자들, 연대하는 사람들을 보면 자꾸 저 용기의 근원되는 힘을 묻게 된다. 앞서 후배 연예인의 커밍아웃을 "축하한다"던 말속에도 기어이 자신의 존재를 당당히 외치는 의지와 용기에 대한 축하가 있었다. 바로 그 얘기를 해보자. 이미 존엄한 우리가 존엄을 알고 지키고 누리는 힘의 다른 이름이기도 하다.

자력화에 대한 이해와 오해

인권의 본질, 인권감수성, 약자와 소수자 개념, 장애인과 성소수자운동의 함의를 짚으며 따로 명명하지 않았을 뿐 사실 우리는 이 의지와 용기의 근원에 대해 충분히 대화했다. 다름 아닌 자력화다. 나쁜 세상과의 싸움에서 핵심이 뭐냐고 묻는다면 나는 인권, 자력화, 연대라고 답할 것이다. 이 책의 전반부는 인권과 반인권을 살피고, 후반부는 개인을 연대로 이끄는 다양한 동력에 관해 탐구한다. 그 사이를 잇는 것이 자력화다.

앞서 2장에서 잠시 언급했던 문화재단의 예술인 거버넌스 활동을 할 때 문화예술인 안전망 학교라는 이름의 교육프로그램을 기획했다. 당시 나를 비롯하여 기획을 주도했던 운영위원들은 교육의 목표가 자력화에 있음을 명확히 하고 싶었다. 그래서 기획안에 자력화를 분명히 적시했는데 재단 행정직원과의 소통 과정에서 어느새인가 문화예술인 자력화가 문화예술인 자립으로 바뀌어 표기되었음을 발견할 수 있었다. 당황하며 다시 자력화로 바로 잡았는데, 돌아보면 자력화를 자립으로 오해했던 건 어쩌면 당연한 일이 아니었을까 하는 생각이 든다.

임파워먼트Empowerment는 경제, 경영, 행정 등 여러 영역에서 두루 쓰이는 개념이다. 목적에 따라 역량 강화, 권한 부여 등으로 번역한다. 인권에서는 이를 **자력화**라 칭한다. 자립, 자율성과 혼동하는 경우가 있는데, 자력화는 맥락이 조금 다르다. 물론 역량 강화나 권한 부여와도 차이가 있다. 혼자 힘으로 선다는 의미의 '자립'에서는 연대, 연결, 집단적 의식의 의미가 강조되기 어렵다. '역량 강화'는 신체적, 정신적 기능 개발에 무게를 둔 표현이고, '권한 부여'는 권한을 가진 타자를 통해 구현되는 행위로 '부여받는다'는 관점에서 당사자의 주체성을 외면할 뿐 아니라 권한을 부여하는 주체와 위계를 형성한다. 굳이 다른 말을 꼽자면, 자력화는 스스로 존엄하다는 의미의 '자존'에 그나마 가깝지 않을까 싶다.

기본적으로 자력화는 인간을 고유한 감정, 사고, 목적을 가진 존엄한 존재로 보는 개념이다. 동시에 이렇게 스스로 존엄한 존재가 자신의 삶과 주위 환경을 제어할 수 있는 주체적 힘을 갖는 것을 뜻한다. 자아존중감과 자기결정권을 통해 자기 삶에 영향을 미치는 요소에 대하여 통제력을 갖는 것이다.[172]

꿈틀대는
의지의 정체

자력화는 주체적 힘의 구현 여부에 머물지 않는다. 그 힘을 애초에 감각하고 힘의 구현을 막는 기제 속에서도 힘을 키워내는 과정까지 포괄한다. 사회적 억압을 극복하고 더 나은 삶으로 나아가는 의지와 능력의 성장인 것이다. 내면의 무기력을 벗어나 억압된 권리를 회복하는 인권주체로서 활동에 닿는 여정이기도 하다. 여정은 개인적 수준에서 시작하여 대인적 수준으로 발전하고, 사회정치적 수준으로 나아간다. 스스로 자존을 인식하고 문제를 해결하는 단계, 다른 사람과 경험 및 관계 속에서 자존을 펼치는 단계, 이어 사회정치적 관여를 통해 자존을 실현하는 단계이다.[173]

특히 마지막 사회정치적 관여에서 자력화란 억압으로 형성된 사적, 집단적 게토와 압박의 균형이 유지되는 스테이터스큐를 극복하려는 행위부터 나쁜 세상을 바꾸려는 집단적 행동과 연대에 이르기까지 어떤 개인과 집단을 이끄는 근원적인 동력이라고 볼 수 있다. 인권운동에서 자력화가 갖는 중대성이 바로 여기에 있다.

한편, 사회 제도와 정책의 관점에서 자력화는 당사자성의 수립이기도 하다. "우리 없이 우리 문제를 논하지 말라"라는 장애인 당사자주의 일종의 "정언명령"이 있다.[174] 약자나 소수자인 당사자가 사회 제도, 시스템, 정책, 서비스의 대상으로만 머물러서는 안 되며 그걸 상상하고, 만들고, 결정하는 전 과정에 마땅히 주체로 참여할 수 있어야 한다는 의미다.

따라서 사회 제도, 시스템, 정책, 서비스가 인권적으로 작동하는지 사유하려면 우리는 이 자력화의 관점에서 질문해볼 수 있다. 해당 장애인 정책이 장애인 당사자의 자력화에 어떻게 이바지하는가? 여성 문제를 다루는 기관과 사업은 여성의 자력화에 어떻게 기능하는가? 혹시 자력화에 반하거나 자력화를 방해하지 않는가? 장애인이나 여성을 지원의 대상, 수혜자로만 여기지는 않는가?

결과적으로 스스로 이미 존엄한 주체들이 존엄을 실현하기 위해 인권적 행동으로 나아가는 전 과정을 자력화라고 부를 수 있다. 이 책에서 함께 살펴보고 있는 존엄과 인권에 대한 이해, 그 주인으로서 나와 우리의 호명, 인권감수성의 성장, 반인권의 기제 해석, 뒤에 이어질 집단행동과 연대에 작용하는 다양한 힘의 분석이 모두 자력화 위에 있다. 그렇다면 자력화는 어떻게 나쁜 세상의 변화를 위한 연대로 이어지는가? 인권무브먼트의 집단행동 참여로 발전하는가? 이제 '어떻게'의 답을 찾아볼 차례다.

대체
무슨 힘으로
모이는가

Dignity Plan   How do we fight a bad world

집단적 동기
내가 바꾸려는 무엇

무엇에 맞서는 싸움인가

나쁜 세상의 변화 필요성에 공감하더라도 약자와 소수자, 시민이 연대에 참여하는 건 당연한 일이 아니다. 집단행동의 목적에 동의한 사람 중 오직 소수의 인원만이 실제로 참여한다.[175] 정의에 대한 열망이나 인권을 향한 의지가 있다 해도 집단행동의 관여자로 등장하지 않는 게 대부분이라는 말이다. 그럼 어떻게 약자와 소수자 집단의 구성원인 한 사람은 이런 집단적 행동에 관여하도록 동기화되는 걸까? 어떤 동기가 어떻게 작용하길래 시민 누구는 연대의 행위자가 되고 다른 이는 방관자가 되는 걸까?

이번 장에서는 사회심리학의 집단행동 연구[176]를 기초로 인권운동 참여의 주요한 동인動因을 분석한다. 개인적 불만 Grievances이나 불공정감Feelings of injustice, 집단적 분노나 효능감 Group-based anger & efficiency 등 다양한 요인이 있으나[177] 이 장에서는 주로 세 가지 동인과 커뮤니티 담론에 집중한다.

미리 밝혀둘 점은 이제부터 다룰 동인들이 복합적으로 작용한다는 점이다. 다면적으로 결합하고 서로에 영향을 미친다. 그럼에도 이를 나눠 접근하는 이유는 한 개인이 나쁜 세상과의 싸움에 함께 서기까지 작용하는 다양한 동인을 하나씩 펼쳐 봄으로써 더 많은 사람들을 연대의 장으로 초대할 수 있지 않겠는가 하는 기대 때문이다.

아울러 나는 '목적' 대신에 '동인'이라는 말을 적극적으로 사용할 예정이다. 무엇을 위하여 행동하는가(목적)와 무엇이 나를 그 행동으로 이끌었는가(동인)를 구분하기 위해서다. 예를 들어, 심각한 위헌 행위를 저지른 대통령의 탄핵을 반대하는 시위를 생각해 보자. 참여자의 '목적'은 대통령에 대한 지지 표현일 수 있으나, 참여자 자신이 설사 명확히 인식하지 못하더라도, 실제로는 시위 참가 시 제공되는 물질적 보상이 강력한 '동인'으로 작용했을 수 있다. 반대의 경우, 대통령의 탄핵 가결이 집단행동의 '목적'이고 참여자는 여기에 힘을 보태겠다 생각했을 것이나 그를 실질적 행위로 이끈 '동인'은 야당의 정치인을 지지하기 위해서 혹은 같은 정치 성향을 공유하는 가까운 사람들의 눈치 때문일 수 있다.

우리가 검토할 첫 번째 동인은 바꿔내고자 하는 대상으로 인해 촉발되는 힘이다. 즉, 집단행동의 목표 자체가 강력한 동기로 작용하는 경우다. 이를 **집단적 동기**Collective motive라고 부른다.[178] 비범죄화, 평등권 확보와 같이 집단적 행위가 목적하는 집단적 이익Collective benefit이 근간을 이루는 동인이다.

2024년 한 젊은 여성이 임신 36주의 낙태수술 경험을 영상으로 만들어 SNS에 올렸다. 임신 후기에 해당하기 때문에 살인이라고도 볼 수 있는 사건이었다. 앞서 범죄화 문제를 다루며 잠시 언급했던 것처럼 2019년 헌법재판소를 통해 큰 틀에서 임신중단은 비범죄화되었다. 그러나 제도 개선, 법률 정비가 이루어지지 않아 태아가 죽어 나오면 무죄, 살아 나오면 유죄가 되는 실정이다.[179]

자, 이제 임신 중단에 대하여 모자보건법 개정을 촉구하는 시위 현장이라고 가정하자. 그리고 여기에 적극적으로 참여하는 여성이 있다. 이 여성은 임신 중단을 자신의 문제로 마주하고 있는 당사자이거나 임신 중단 때문에 삶의 존엄을 위협받는 누군가의 지인, 혹은 관련 담론을 이끄는 여성 단체의 활동가, 여성 인권침해를 기민하게 인식하는 시민일 수도 있다. 집단적 동기가 강력하게 작용한다는 의미는 이 여성에게 임신 중단과 관련된 모자법의 개정 자체가 가장 중요한 동인이 되었다는 뜻이다. 여성을 현장으로 이끈 다양한 이유가 있겠지만 그중 집단행동이 목적하는 변화 자체가 결정적인 동력으로 작용하는 경우다. 마찬가지로, 장애인의 탈시설운동에서 정부의 정책 변화가 어떤 장애인 혹은 시민에게 결정적 동기로 작용했다면 행위를 유발하는 동력Motivating force의 측면(이후 추동력이라 칭함)에서 집단적 동기가 핵심 동인이라고 말할 수 있다.

집단적 동기의 한계

그런데 이런 집단적 동기는 추동력의 측면에서 현실적으로 불충분하거나 부족한 경우가 많다. 왜냐하면 집단적 이익이란 게 일단 달성되면 관련된 모든 사람에게 그 혜택이 돌아가기 때문이다. 심지어 집단행동에 단 한 번도 참여하지 않은 사람에게도 말이다. 불행히도 사람들은 '무임승차'를 원하는 법이다.

즉, 집단행동에 덜 관여하고 이익은 누리길 바라는 경우가 훨씬 많다. 예를 들어, 성소수자 인권운동에서 포괄적 차별금지법의 제정을 위한 집단행동이 있다고 하자. 그런데 일단 포괄적 차별금지법이 제정되면 모든 성소수자, 즉 집단행동에 참여하지 않는 성소수자도 법의 혜택을 받게 된다. 따라서 추동력만 본다면 굳이 집단행동에 참여하도록 설득하기에 충분하지 않을 수 있다.

일반적으로 상당수 시민, 활동가들은 집단적 동기가 대부분 참여자에게 단연 가장 강하게 작용하는 동기일 거라고 가정한다. 그러면 집단적 행동의 목적만을 당위적으로 강조할 수밖에 없다. 현장의 선언이나 외침은 그렇다 쳐도, 더 많은 사람들의 더 적극적이고 지속적인 참여를 견인해야 하는 전략의 측면에서 집단행동의 목적에만 천착하면 한계에 갇힐 수밖에 없다.

이제 더 살펴볼 다른 동인은 개인을 집단행동으로 이끄는 힘이 훨씬 다양하고 역동적이라는 점을 시사한다. 캠페인, 시위, 인권운동에서 더 많은 사람들을 참여시키고 연대를 확장하는 이 전략은 집단행동이 이루고자 하는 목표와 다를 수 있다. 특히 복잡한 사회 구조 속에서는 같은 집단의 성원, 혹은 상당한 공감대와 교집합을 갖는다고 판단되는 시민들조차 서로 다른 경험과 배경, 기반과 관심사로 말미암아 서로 다른 동인에 의해 움직인다. 어떻게 하면 나쁜 세상에 맞서는 싸움에 더 많은 관심과 참여를 이끌까 하는 고민의 폭은 추동력의 관점에서 보다 넓어져야 한다.

보상적 동기

내게 더 가치 있는 시간

내게
어떤 보탬이 되길래

모자보건법 개정 시위 사례를 이어가 보자. 앞선 참가자의 경우 법 개정 자체, 집단적 동기가 가장 강한 동인이었다. 반면 다른 참가자에게는 집단적 목적도 좋지만 실은 함께하는 동료들과 무언가 사회를 바꿔 나간다는 만족감, 성취감이 결정적 동인으로 작용했을 수 있다. 더 나은 세상을 열망하는 다른 여성들과 함께 여성의 목소리를 발화하는 시간이 주는 일종의 심리적 보상이 더 강한 추동력을 갖는 경우다.

다른 예를 들어보자. 어느 지자체에서 인권 정책에 시민들의 의견을 더 적극적으로 반영하기 위해 시민위원회를 구성했다고 하자. 실제로 많은 곳에서 시민위원회를 운영하고 있다.

이 위원회에 지원하여 선정된 시민들이 모인 자리다. 시민 A에게는 시민위원회를 통해 지역 장애인복지 정책에 관해 자기 생각을 피력하겠다는 의지가 가장 강한 동인일 수 있다. 집단적 동기다.

반면 시민 B-1은 집에서 그냥 있는 것보다 위원회에 나와서 대화를 나누고 무언가 배우는 게 훨씬 보람되다고 판단한 게 결정적 이유일 수 있다. 시민 B-2는 위원회 활동을 통해 얻게 되는 명성이나 명예가 다른 활동을 할 때 기대되는 보상보다 더 크기 때문에 참여했을 수도 있다.

시민 B-1과 B-2, 둘은 모두 집단행동 참여를 통해 얻게 되는, 혹은 얻을 수 있으리라 기대되는 보상이 강력한 동인으로 작용하는 경우다. 이를 **보상적 동기**Reward motive라고 한다.[180] 집단적 동기에 비해 보상적 동기는 좀 더 개인적인 혜택이나 기회비용과 관련이 깊다. 집단행동 자체가 재미있다든지, 그 시간에 집단행동 대신 다른 걸 하는 게 만족감을 덜 준다든지 등이 포함된다. 이때 혜택과 기회비용이란 정서적, 사회적 보상을 포괄한다.

보상적 동기의
합의와 한계

보상적 동기는 집단적 동기보다 덜 강조되는 경우가 많다. 인권운동의 측면에서는 달성하려는 목표가 단연 중요할뿐더러 도덕적으로도 집단적 동기가 보상적 동기보다 더 우월하다고 여겨지기 때문이다. 참가자 자신도 실은 보상적 동기가 가장 강하게 작용했음에도 불구하고 집단적 동기 때문에 연대 행동에 참여했다고 생각할 수도 있다. 그러나 이 문제를 다루는 근본적인 이유, 어떻게 더 많은 사람들이 나쁜 세상과 싸움에 행동으로 함께할 것인가 추동력 관점에서 묻는다면 보상적 동기가 갖는 힘을 간과할 수는 없다.

우리가 공론장을 기획한다고 한번 상상해 보자. 코로나와 같은 팬데믹, 세월호나 이태원 참사 같은 사회적 참사, 위법한 비상계엄과 같은 정치적 변란 등 사회 위기 속에서 약자와 소수자에 대한 혐오 발언은 더 만연해진다. 이에 대해 시민이 머리를 맞대는 공론장을 만든다면, 더 많은 호응이 절실한 상황이다. 집단적 동기만을 고려하면 아마도 시민을 향한 소통과 설득의 메시지는 "소수자 혐오의 실태를 점검하고 멈추는 방법을 함께 고민해 보자"라는 집단적 목적의 범위를 벗어나기 어려울 것이다. 반면, 보상적 동기까지 함께 고민한다면 우리는 시민에게 "내일 저녁 이 시간을 두 배 더 좋게 만드는 법"과 같은 새로운 메시지를 던져볼 수도 있다.

 그런데 때론 집단적 동기와 마찬가지로 보상적 동기가 갖는 추동력 역시 다소 약한 경우가 있다. 특히 개인적 욕구를 만족시킬 기회와 방법이 다양하게 존재하는 집단이라면 보상적 동기의 동력은 더욱 떨어진다. 폭넓은 하위문화Extensive subculture가 구축됐거나[181] 기회비용 측면에서 이른바 가성비가 더 뛰어난 선택지가 분명한 때이다.

 청소년, 청년세대를 생각해 보자. 또래 간 만남이 다른 세대보다 수월하고, 운동이나 여가 모임 등 심리적 보상이 확실한 커뮤니티가 있다면 집단행동 참여의 보상적 동기는 약해질 수밖에 없다. 또, 진로나 취업 준비같이 시간 효용 측면에서 보다 가치가 높고 향후 보상이 클 것으로 간주되는 행위가 명백한 상황에서 역시 집단행동이 주는 보상적 효과는 낮아진다.

 소수자 당사자에게도 마찬가지다. 예를 들어 성소수자 집단에게는 인권운동에 참여하는 것보다 더 심리적 만족감이 크리라 여겨지는 사교 모임과 동호회, 바와 클럽, 온라인 커뮤니티와 앱 등 하위문화가 넓게 존재한다. 사회적으로 설정된 게토를 벗어나고 스테이터스큐를 흔들면서 감당할 위험까지 고려하면 기회비용 측면에서 성소수자 인권운동 참여의 보상은 현저히 낮아진다.

규범적 동기

나와 함께하는 누구

당신의 눈빛과 손길에 힘입어

2020년 33돌을 맞은 6·10 민주항쟁 기념식 중계를 보고 있었다. 고故 이한열 열사의 모친이며 사회운동가인 배은심 여사가 작고하기 2년 전이다. 그날 정부는 배은심 여사를 비롯해, 박종철 열사의 부친이며 의문사 진상규명 운동에 헌신했던 박정기 선생, 전태일 열사의 모친이며 노동운동가였던 이소선 여사를 포함하여 열두 명에게 국민훈장 모란장을 추서했다. 이미 세상을 떠난 이소선 여사와 박정기 선생을 대신하여 배은심 여사가 마이크 앞에 섰다.

"이소선 어머니, 종철이 아버지, 제 얘기 들리셔요? 나 한열이 에미예요. 글쎄, 나라에서 우리한테 훈장을 준다고 하네요.

그래서 내가 이 자리에 와 서 있어요. 30년 가까이 늘 함께 다니며 싸우던 우리 유가협 식구들인데, 이소선 어머니는 전태일이 옆에 가 계시고, 종철이 아버지도 아들하고 같이 있어서 나 혼자 오늘 이렇게 훈장을 받습니다. 내가 여기서 감히 훈장을 받아도 되는가 싶습니다."[182]

세 명은 전국민족민주유가족협의회에서 동지로 함께 활동했다. 배은심 여사가 수많은 인권 현장에 섰던 목적은 투쟁에 힘을 보태기 위함이었겠지만 그를 매 순간 일으켜 세운 동인은 떠난 아들 이한열 열사를 기리는 마음과 옆에 손을 잡고 어깨를 기대던 이소선 여사, 박정기 선생 때문이었는지도 모른다. 나는 그들이 수차례 인터뷰에서 떠난 아이에게 부끄럽지 않기 위해서라고 답하는 것을 보았다.

소중한 사람. 그의 눈빛과 목소리가 가장 큰 동인이 되기도 한다. 우리가 다음으로 검토할 **규범적 동기**Normative Motive다. 규범적 동기는 내가 집단행동에 참여함으로써 가족, 연인, 절친, 동지 등 나의 중요한 타자Significant others로부터 얻는, 혹은 얻을 것이라 기대되는 반응 때문에 촉발되는 동인이다.[183] 집단행동에 참여하지 않으면 중요한 타자에게서 실망이나 비판이 돌아오리라 생각해서 참여하게 되는 경우 역시 규범적 동기에 해당한다.

규범적 동기를 바르게 이해하기 위해서는 중요한 타자라는 존재에 주목할 필요가 있다. 중요한 타자란 자신의 삶에 깊은 영향을 미쳤거나 미치고 있는 사람으로, 내가 과거 정서적으로 깊이 몰입했거나 현재 몰입하고 있는 개인을 의미한다. 여기에는 원가족 구성원뿐 아니라 가족관계 밖에서 만난 사람들도 포함된다. 단순한 관계 맺음 이상으로 나의 자아형성, 사회와 상호작용, 생각과 행동에 있어 심대한 의미를 갖는 존재이다. 가장 직관적으로는 아동의 사회화 과정에서 부모, 교사, 놀이 친구 등을 떠올릴 수 있다.[184]

〈2021 청년 성소수자 사회적 욕구 및 실태 조사〉에 따르면 응답자의 84퍼센트는 '내가 성소수자라는 것을 알면 부모, 형제자매 등 가족이 보일 부정적인 반응'을 성소수자로 자신을 정체화하는 과정에서 가장 걱정되는 요인으로 꼽았다. 친구, 지인 등 주변 사람의 부정적 반응이 제일 염려된다는 비율도 72퍼센트로 대단히 높았다. 가족과 친구는 성소수자가 자신의 정체성을 가장 인정받고 싶은 대상인 동시에 두려움의 대상이기도 하다.[185] 사회적 편견과 혐오 속에 있는 소수자에게 중요한 타자가 갖는 의미를 명징하게 보여주는 대목이다.

규범적 동기의
함의

 앞서 예로 들었던 모자보건법 개정 운동에서 집단적 동기, 보상적 동기에 추동된 참가자들이 있었다. 그 곁에 선 다른 참가자를 그려보자. 모자법의 개정이라는 집단적 이익도 의미 있고, 이 시간이 주는 만족감과 성취감 등 심리적 보상도 좋지만, 그에게 사실 가장 중요한 것은 함께 있는 딸과의 유대감이다. 더 나은 세상을 향한 몸짓을 같이함으로써 얻게 되는 혹은 얻으리라 기대되는 딸의 성장, 같은 여성으로서 엄마에게 갖게 되는 친밀감이 가장 강한 동인으로 작용하였다. 중요한 타자의 반응이 무엇보다 강한 추동력을 갖는 것이다.

 시민위원회에 대해서도 다시 생각해 볼 수 있다. A와 B-1, B-2라는 시민위원에게는 각 집단적 동기, 보상적 동기가 강하게 작용했었다. 한편 C는 지역 노인회에서 열심히 활동하는 사람이다. 노인회 구성원들과 함께 보내는 시간이 일상의 상당을 차지하고, 그들과 관계에 정서적으로 깊이 영향받는다. 그에게는 시민위원회에 참가함으로써 현재 자신의 중요한 타자인 노인회 동료에게 귀감이 되면 좋겠다는 바람이 가장 강력한 동기일 수 있다. 혹은 시민위원회에 참가하지 않을 때 얻게 될 동료의 책망을 크게 염려했기 때문일 수도 있다. 규범적 동기에 강하게 동기화된 경우다.

지난 몇 년 한국 사회를 흔들었던 몇 개의 정치 현안을 떠올려 집단행동에 참가하는 시민의 동인을 집단적 동기, 보상적 동기, 규범적 동기로 나눠 살펴볼 수 있다. 채해병 사망사건에 대한 진상조사. 당시 대통령실의 외압 의혹이 제기되면서 특검에 대한 야당의 요구가 있었고 시민 다수의 지지를 얻었으나 대통령의 거부권에 의해 수용되지 않았다. 이에 여러 차례 다양한 주체가 참여하는 연대 행진이 이루어졌다. 집단적 동기의 동력이 강하게 작용한 참가자에게는 대통령 거부권에 대한 비판, 특검 수용 촉구 등 당해 집단행동이 목적하는 집단 이익 자체가 핵심 동인일 것이다. 보상적 동기로 동기화된 시민에게는 내가 정의에 헌신한다는 심리적 만족감, 연대 행동을 하는 시간의 기회비용적 가치, 참여하지 않을 때 갖게 될 부채 의식 등이 더 강한 동인이다. 한편, 규범적 동기로 추동된 참가자에게는 오래 인연을 쌓아온 해병대 전우에 대한 의리, 군에 보내 놓은 자녀에 대한 심정이 더 강한 힘을 가졌을 것이다.

대통령 탄핵 상황에서의 찬성과 반대 집회도 예시로 빼놓을 수 없다. 인권적 해석과 판단은 차치하고 집단행동의 동인 관점에서만 생각해 보자. 먼저, 집단적 동기. 탄핵 찬성 집회에 참여한 A-1과 반대 집회에 참여한 B-1에게는 다른 무엇보다 대통령의 탄핵, 혹은 대통령 탄핵에 대한 반대 자체가 강력한 동인으로 작용했다. 반면, A-2 참가자에게는 응원봉을 들고 또래 친구들과 세상을 함께 바꿔 나가는 이 시간의 새로운 경험이 더 중요하게 작용했을 수 있다. B-2 참가자는 다른 어떤 일을 하는 것보다 정치적으로 이렇게 중요한 사건 한복판에서 존재감을 드러내는 게 편익에 있어 가장 효과적이라고 생각했을 것이다. 보상적 동기다. 마지막으로, A-3 참가자는 내 아이에게 조금 더 좋은 세상을 주고 싶어서, 내 아이에게 부끄럽지 않은 부모이고 싶어서 시위에 참여하게 됐다. B-3 참가자에게는 함께 교회에서 활동하며 깊은 신뢰를 갖고 있는 다른 참가자의 독려, 참여하지 않았을 때 소외나 책망이 결정적이었을지 모른다. 이들에게는 규범적 동기의 추동력이 가장 컸다.

우리는 나쁜 세상의 변화를 위해 연대를 조직하고, 집단행동의 프로그램을 구성하는 데 있어 집단적, 보상적, 규범적 동기를 고르게 자극하고 있는지 묻고 보완할 수 있다. 특히 나는 이 중 규범적 동기에 많은 관심을 두고 있다. 약자와 소수자 집단의 특성을 고려할 때 규범적 동기의 기능이 그 중요성에 비해 덜 다뤄진다고 생각하기 때문이다.

신념에 의한 병역거부자, 성소수자, 성노동자, HIV·AIDS 감염인, 비혼모와 같이 비가시적 속성을 가진 약자나 소수자의 경우 그 속성에 대한 혐오는 위협적인 반면 당사자가 원하면 스스로 속성을 감출 수 있다. 사회적으로 드러내지 않는 이상 스테이터스큐도 유지된다.

앞서 언급했듯이, 바로 이 점이 나쁜 세상에 맞서는 역동의 정체 원인이 되는데, 규범적 동기는 다른 어떤 동인보다 설득력 있게 이들을 연대의 장으로 이끌 수 있다. 중요한 타자의 독려나 응원은 게토를 넘어서는 것에 대한 공포와 불안을 유의미하게 완화시키기 때문이다. 예를 들어 성소수자 인권운동에 관한 주요 연구들은 가까운 친구나 가족 구성원으로부터 공감, 지지가 집단행동 참여에 대한 두려움을 최소화하고 참여를 독려하는 매우 강한 동인이라고 분석한다.[186]

무엇보다, 중요한 타자는 집단행동 참여에 강력한 추동력을 가지는 걸 넘어 더 깊은 연대의 심연으로 우리를 안내한다. 따로 또 홀로 존재하는 당신과 내가 어떻게 서로를 통해 거대한 사회적 존재로 거듭나는지 이어지는 주제, 커뮤니티와 네트워크의 문을 여는 열쇠말이라 할 수 있다.

인디지니어스 네트워크
커뮤니티라는 연대의 심연

카리스마적 리더와 자원 동원

미국에서 대표적인 나쁜 세상과의 싸움을 꼽으라면 흑인 인권운동이 아닐까 싶다. 그 역사에서 빼놓을 수 없는 인물로 마틴 루터 킹Martin Luther King과 말콤 엑스Malcolm X가 자주 언급된다. 집단행동의 방식을 두고 현저히 다른 입장을 견지했던 두 사람이고, 역사적 평가도 대조적인 경우가 많지만 어쨌든 흑인 인권운동의 동력을 분석할 때 이들처럼 카리스마를 가진 리더의 등장을 간과할 수 없다.

한국의 민주화운동 역시 마찬가지다. 민주화에 투신했던 많은 주체와 민중의 결정적인 역할이 있었지만, 동시에 김대중, 김영삼으로 대표되는 정치적 리더를 비롯해 노동계, 언론계 주요 인물들의 영향은 심대했다. 카리스마를 가진 리더의 등장과 그의 역할에 주목하는 이론 Weber's theory of charismatic movements은 사회운동의 동력을 이해하는 데 여전히 유효한 전통 모델이다. 거칠게 말하자면, 어떤 시기에 카리스마적 권위를 가진 지도자가 사람을 모으고 추종자를 이끌면서 변혁이 진행된다는 주장이다.[187]

또 다른 전통 모델인 자원 동원 이론 Resource mobilization theory 역시 사회운동의 동력을 해석하는 데 효과적이다. 이 이론은 사회운동의 부상 및 발전을 위한 조건으로 억압받는 집단 외부로부터 지원에 주목한다.[188] 어떤 무브먼트의 성공이란 직접적으로 관련된 집단이 집단 외부의 관여와 자원을 얼마나 충원할 수 있는지에 상당한 영향을 받는다고 분석한다.

정리하자면, 두 가지 전통적 이론은 사회운동의 등장과 발전, 확산과 성공을 설명하는 데 있어 내부에 카리스마적 리더의 존재와 기능, 외부의 지원과 동참에 무게를 둔다. 그러나 이런 전통 이론은 현대의 나쁜 세상과의 싸움을 해석하기에 부족한 것 또한 사실이다. 카리스마적 리더와 자원 동원으로 설명할 수 없는, 보다 입체적이고 원천적인 무엇이 역동에 작용하고 있다. 앞서 언급했던 스톤월 항쟁은 이 점을 잘 보여준다.

위 전통적 사회운동 이론은 다음과 같은 이유에서 스톤월 항쟁을 설명하기엔 부족하다. 첫째, 스톤월 항쟁을 이끌었던 카리스마적 권위를 가진 지도자란 존재하지 않았다. 보통의 성소수자, 특히 흑인이나 히스패닉계 등 교차적 소수자성을 갖는 성소수자들이 항쟁의 주체이며, 주요한 시위 참가자였기 때문이다. 둘째, 자원 동원 이론 역시 스톤월 항쟁에 적용하기 무리가 있다. 당시 크리스토퍼 스트리트 지역 사회, 성소수자 커뮤니티 밖에서 유입되는 눈에 띄는 외부의 지원은 없었다는 분석이 일반적이다. 그뿐 아니라 성소수자 커뮤니티의 구성원들은 외부 자원의 충원 없이 그들 스스로 서로를 동원할 수 있는 기술과 연결망을 이미 갖고 있었다.[189]

이런 전통적 사회운동 이론의 한계 속에서 스톤월 항쟁을 비롯하여 사회적 낙인이 강한 소수자 집단의 역동을 재해석하려는 시도는 이전에 주목하지 않았던 가치들을 새롭게 조명한다.[190] 이제부터 책의 후반에서 집중해서 다룰 두 가지 테제이기도 하다. 존엄을 향한 보다 큰 자아(집단적 정체성)와 이 자아를 품고 키우는 촘촘한 연결망(인디지니어스 네트워크)이다.

커뮤니티라는 연결망

많은 소수자가 자신의 집단을 커뮤니티라고 부른다. 커뮤니티는 그 속에 참여하는 사람들의 마음 안에 존재하는 사회적 구조라고 정의할 수 있다. 이는 아마도 어떤 집단이 커뮤니티를 표방할 때 비로소 그들 자신을 계급이나 민족 같은, 보다 사회적인 성격의 구조체로 규정하는 데 용이하기 때문일 것이다. 따라서 소수자 집단의 성원들은 전통적으로 자신의 집단을 커뮤니티라고 명명하며, 커뮤니티의 콘셉트를 통해 정체성을 드러내 왔다. 성소수자 커뮤니티, 흑인 커뮤니티 등이다.

이렇게 커뮤니티를 사회적 구조체 관점에서 바라볼 때는 커뮤니티의 경계를 관리하는 일이 보다 중요해지기 마련이다. 커뮤니티의 안과 밖, 즉 누가 커뮤니티에 속해 있고 누가 외부인인가를 결정짓는 경계를 통해서 비로소 '우리'라는 감각이 규정되는 이유다. 설사 바깥에서 보기에 유사한 집단들이라고 해도 지역, 환경, 시대에 따라 설정된 커뮤니티의 경계는 서로를 외부인으로 구분 짓기도 한다. 예를 들어 트랜스젠더는 시드니의 게이 커뮤니티에서는 '우리'로 소속될 것이나 워싱턴 D.C의 게이 커뮤니티에서는 우리가 아닌 '저들'로 분류될 것이다.[191]

이와 관련하여 지금까지 내게 충격으로 다가오는 사건이 하나 있다. 국내 트랜스젠더 여성의 여대 입학 포기 사건이다. 2020년 1월 한 언론은 성확정(성전환이라는 어휘가 통용되고 있으나 원래 주어진 성을 바꾼다는 의미의 성전환보다 자신의 성정체성을 확정한다는 의미의 성확정이 보다 적확하다.) 수술을 받고 성별 정정까지 마친 트랜스 여성이 여대 응시를 마치고 입학을 고대하고 있다는 보도를 낸다. 이 여성은 결국 합격하게 되는데 우리나라에서 트랜스 여성의 여대 입학은 처음이었다. 그런데 갈등이 애먼 곳에서 터져 나왔다. 여대 재학생들이 거세게 반발하고 나선 것이다. 입학 반대 대자보가 붙고 성명서가 발표됐다. 여섯 개의 여대, 스물세 개 조직이 이름을 올렸다. 문제는 여기에서 그치지 않았다. 학생 일부와 외부 세력, 언론은 혐오 발언까지 쏟아냈다. 두려움을 느낀 트랜스 여성은 스스로 입학을 포기하기에 이른다.[192]

  이 여성은 여대에 재학 중인 여성들이 커뮤니티라고 부르는 '우리'의 범주에서 폭력적으로 배제되었으나 다른 국가, 다른 공동체였다면 여성이라는 커뮤니티의 '우리'에 얼마든지 소속될 수 있었을 것이다. 앞서 혐오의 조작에 있어 내집단과 외집단의 구분이 어떻게 요구되는지, 충성심과 결속은 어떤 식으로 관여하는지, 이 과정에서 반응하는 뇌 기능까지 검토한 바 있다. 커뮤니티의 경계를 관리하고 '우리'를 규정할 때 얼마나 쉽게 혐오와 낙인, 배제가 관여할 수 있는지 트랜스 여성의 입학 포기 사건은 잘 보여준다. 커뮤니티 결속에 있어 무엇보다 인권에 반하는 기제의 작동을 주의 깊게 살펴야 하는 이유다.

맞물려 돌아가는 연대의 톱니바퀴

이제 커뮤니티에 대한 이해를 조금 더 진전시키자. 집단행동의 동인에서 주목했던 규범적 동기와 연결점을 찾아보고자 한다. 사회운동 이론에 따르면, 특히나 정치적인 집단행동 참여는 친구, 동료, 이웃과 같은 사회적 네트워크를 통해 더 효과적으로 독려된다.[193] 규범적 동기는 중요한 타자로부터 반응이 개인의 집단행동 참여에 강력한 동인임을 밝힌다. 이를 종합하면 약자와 소수자의 커뮤니티, 규범적 동기, 나쁜 세상에 맞서는 연대라는 세 개의 톱니바퀴가 어떻게 맞물리는지 발견할 수 있다.

커뮤니티와 더 긴밀하게 연결될수록 집단 내 구성원 간 친밀성과 동질감은 깊어지기 마련이다. 그러면 다른 성원으로부터 기대되는 긍정적인 반응의 영향력, 중요도가 커지며 구성원의 규범적 동기를 강화한다. 이는 집단행동 참여에 대한 진입 장벽을 낮추고, 불편함이나 두려움 같은 부정적 요인을 줄이는 데 대단히 효능적이다.[194]

또 커뮤니티 결속은 내부 성원들을 서로에게 중요한 타자가 되도록 돕는다. 중요한 타자는 다시 커뮤니티와 연결을 더 긴밀하게 만든다. 이 순환이 사회적 문제에 관한 개인의 입장이나 감정을 항상 전향적으로 바꿔내는 건 아니지만(그건 이미 그 전에 확립되었을 가능성이 높기 때문), 대신에 한 개인으로는 아마도 참여하지 않았을 나쁜 세상의 변화를 위한 연대에 마침내 동참하도록 이끌 수 있다.[195]

더 깊은
뿌리의 연결로

순환은 약자와 소수자의 커뮤니티가 일상에 밀접할 때 더욱 원활해질 수 있다. 예를 들어, 밀도 높은 일상의 연결, **인디지니어스 네트워크**Indigenous social networks다.[196] 원래 인디지니어스(Indigenous)라는 형용사는 '토착의', '자생의' 등으로 번역된다. 특히 인권담론에서는 선주민(Indigenous People)을 지칭할 때 자주 쓰인다. Indigenous Culture, Indigenous Tradition, Indigenous Rights를 선주민 문화, 선주민 전통, 선주민 권리라고 한다. 예전에 원주민이라고 번역되었던 Aborigines의 어원이 문명과 동떨어져 있다는 의미를 갖기 때문에 차별적 맥락을 피하고자 선주민으로 대체되었다.

그런데 이제 조명할 인디지니어스 네트워크를 토착 네트워크 혹은 자생 네트워크라고 번역하면 의미상 혼선이 생길 수 있다. 인디지니어스 네트워크란 반드시 토착적인 것도, 자생적인 것도 아니기 때문이다. 약자와 소수자 집단의 주최 및 활동가, 구성원과 민중, 정책과 제도를 통해 의도될 수도, 강화될 수도 있기 때문이다. 그렇다고 마땅히 다른 우리말이 있는 것도 아니다. 따라서 여기서는 그대로 인디지니어스 네트워크라고 부르기로 한다. 흔히 대중적 민주주의를 풀뿌리 민주주의라고 말한다. 민주주의가 평범한 민중의 일상에 깊이 뿌리내린다는 의미다. 나는 이런 관점의 풀뿌리라는 말이 인디지니어스 네트워크에서 뜻하는 인디지니어스에 그나마 가깝지 않을까 생각한다.

다만, 인디지니어스 네트워크를 풀뿌리 네트워크라 했을 때, 풀뿌리 조직, 집단적 목표를 위해 결정된 의식적 운동 조직을 먼저 연상할 우려가 있어, 이 말 역시 여기서는 쓰지 않는다.

그럼 이제 인디지니어스 네트워크를 구체적으로 그려보자. 좀 이상적이지만 어쨌건 보다 직관적인 이해를 위해 카페와 식당, 클럽과 스포츠 센터, 병원과 상담소, 사교 모임과 친목 모임, 행사와 이벤트, 종교 활동과 경제 활동까지 연결된 소수자 커뮤니티를 상상해 보라. 예를 들어, 스톤월 항쟁 이전 성소수자 커뮤니티를 인지니어스 네트워크라고 판단할 수 있다. 앞서 말한 것들이 당시 실제로 존재했다. 외부의 시선과 사회적 압박을 피해 클럽에 모여 정서적 교감을 나누었던 사람들, 함께 밥을 먹고 놀고 어울리며 자연스럽게 집단의 문화를 공유한 경험, 이런 경험의 반복과 지속을 통해 축적된 강렬한 유대, 서로의 존재에 대한 인식과 의존이 커뮤니티 성원들 사이 깊숙하게 뿌리내리고 있었다.

인디지니어스 네트워크는 이와 같이 일상의 연결을 통해 소수자 집단의 한 성원이 다른 성원들과 이루는 사회적 접촉을 강화한다. 정치적 목표, 집단적 이익을 전면으로 내세우며 구성된 네트워크가 아니기에 훨씬 성원들의 일상에 밀착돼 있다.

개인의 지속적인 사회생활에서 다른 소수자들과 접촉의 정도가 클수록 그렇지 않았다면 권리운동에 참여하지 않았을 성원들의 참여 가능성과 지속성은 높아진다.

집단행동은 반드시 한 개인이 다른 여러 개인과 연결됨을 전제하는데, 인디지니어스 네트워크는 이 연결을 훨씬 쉽고 효율적으로 만들어낸다. 역설적이게도 집단행동만을 목표로 구성된 네트워크가 추동하지 못했던 존재들을 인디지니어스 네트워크가 보다 넓게 연결해낸다. 결국 비록 오랜 시간이 걸릴지라도 뿌리를 잇는 방법으로 인디지니어스 네트워크가 아니었다면 외면했을 여성을, 양심적 병역거부자와 이주민을, 장애인과 성소수자와 저임금 노동자를, 더 많은 약자와 소수자를 연대의 장으로 이끈다.

인권의 책무자인 국가, 중앙 및 지방정부의 정책에 대해서도 우리는 인디지니어스 네트워크의 관점에서 접근해 볼 수 있다. 약자와 소수자 개개인이 대상이 되는 지원, 서비스는 꼭 필요할 뿐 아니라 비교적 단기에 걸쳐 효과적이다. 그러나 그 한계 역시 분명하다. 관官 주도의 일방성을 벗어나기 힘들며 소수자가 갖고 있는 고유한 집단의식을 고려하지 못하고 대증적 조치에 머물기 십상이다. 자력화에서도 이 맥락 위에서 국가의 역할을 살펴야 한다고 말한 바 있다. 정부의 정책, 제도, 서비스는 약자와 소수자들이 일상적 접촉의 빈도와 수준을 높이며 어울릴 수 있는 커뮤니티, 인디지니어스 네트워크를 지원하는 방향에서 역시 검토돼야 한다.

다음으로, 인권의 역동을 소원하는 조직이라면 장기적 관점에서 인디지니어스 네트워크의 구축과 강화를 적극적으로 고려할 필요가 있다. 그 방법과 시도, 크고 작은 사례를 이어서 살펴보면 좋겠다. 다만, 이는 다음 장에서 다룰 집단적 정체성과도 밀접하게 연관되기에 먼저 정체성의 세계를 탐색하고 7장에서 종합하여 다뤄볼 것이다.

이토록 강렬한 '나'들

집단적 정체성
오롯이 나와 우리

정체성이라는 세계

인디지니어스 네트워크가 우리를 잇는 깊고 촘촘한 연결망이라면 이제 이 연결망에 담긴 큰 자아의 이야기를 해보자. 약자, 소수자가 서로에게 더 중요한 타자가 되도록 돕는 인디지니어스 네트워크는 일종의 틀, 몸에 비유할 수 있다. 이어질 주제는 거기에 내재한 정신에 관한 얘기다. 다른 장애인이 혐오를 마주할 때 내 안에 이는 분노는 무엇인가. 차별을 당하는 저 여성의 삶과 내 삶이 하나로 묶여 있다는 자각은 무엇인가. 저 이를 향한 억압과 폭력을 우리는 어떻게 우리를 향한 것으로 알아채는가.

2장에서 소수자의 개념적 정의를 소개하며 집단적 의식을 강조했다. 정확히는 집단적 정체성에 가깝다고 말했다. 본격적으로 이 개념을 알아보자. 한 가지, 이번 장에서 다루는 내용은 상당 학술적인 측면이 있다. 정체성에 관한 다양한 이론을 검토해야 하기 때문이다. 수십 번 고쳐 쓰며, 표현을 수정했으나 여전히 어렵고 복잡한 주제다. 그럼에도, 자력화와 연대의 근간을 이루는 중요한 영역이기에 독자를 믿고 하나씩 펼쳐보려 한다.

앞에서 얘기했던 트랜스 여성의 입학 포기 사건은 정체성과도 직접 연결된다. 나를 사로잡았던 게 실은 이 문제였다. 스스로가 소수자인 여성들이 다른 소수자인 성소수자의 입학을 반대한 이유. 그 바탕에는 정체성의 충돌이 있다. 트랜스 여성이 자신을 남성에서 여성으로 범주화하기까지 작용했던 것은 정체성이었다. 입학을 격렬히 반대하는 행위로 나타났던 여대 구성원들 사이 강력한 의식 또한 정체성이었다. 트랜스 여성의 입학 반대 성명에 이름을 함께 올렸던 조직들을 묶어줬던 것 역시 정체성이고, 트랜스 여성을 지지하다가 어쩔 수 없는 입학 포기에 마음 아파했던 사람들의 정신에도 정체성의 작용이 있었다.

2025년 4월. 영국 대법원은 평등법상 생물학적 여성만이 여성의 범주에 속한다고 판단했다. 동시에 대법원은 트랜스젠더는 변함없이 차별로부터 보호된다는 점을 밝혔음[197]에도 불구하고, 또 이 판결이 트랜스 여성은 여성이 아니라는 결정이 아니라 현행 평등법상 한계를 보여주는 판시임에도 불구하고, 국내 언론들은 마치 영국이 생물학적 여성만이 여성이라 선언한 것처럼 뉴스를 쏟아냈다. 어쨌건 놀랍게도 영국 대법원까지 이 소송을 끌고 갔던 주체는 여성 권리 단체였다. 이 역시 외연은 여성 전용 공간의 안전에 관한 문제였으나 심연에는 정체성의 충돌이 존재한다.

파도는 배를 띄우기도 하고 뒤집기도 한다. 불은 사람을 살리고 또 죽인다. 정체성은 나쁜 세상과 싸움에 가장 강하고 놀라운 힘이기도 하고, 때론 반대 방향으로 작용하며 약자와 소수자를 억압하기도 한다.

집단적
정체성인 이유

집단적, 보상적, 규범적 동기는 사회운동 모델을 기반으로 우리가 어떤 동인을 통해 나쁜 세상과의 싸움에 함께하는지 집단행동 시점을 종縱으로 잘라 접근한다. 그런데 참여를 결정하는 시기뿐 아니라 보다 긴 시계열 위에서 집단행동까지 이어지는 개인의 서사 역시 탐색할 필요가 있다. 이를 가능하게 하는 것이 사회적 정체성 이론이다. 파편화된 개인이 존엄을 향한 보다 거대한 자아에 어떻게 연결되는지 이 이론은 효과적으로 설

명해낸다.[198]

우선 정체성을 다루는 다양한 개념의 차이를 검토하면 좋겠다. 사회적 정체성부터 시작하자. 우리는 본래 여러 가지 정체성을 갖는다. 나는 내 부모의 아들로서 정체성, 글을 쓰는 사람으로서 정체성, 인권교육가로서 정체성, 노동자로서 정체성, 남성으로서 정체성을 갖는다. 당신은 여성으로서, 노인으로서, 보수주의자로서, 엄마로서 정체성을 가질지도 모른다.

사회적 정체성Social Identity이란 이런 여러 정체성 중에서 어떤 집단의 구성원으로서 갖게 되는 정체성을 의미한다. 예를 들어 진보주의자, 혹은 보수주의자인 누군가가 진보당원, 보수당원으로서 갖는 정체성을 사회적 정체성이라 볼 수 있다.

중요한 것은 사회적 정체성을 통해 그 구성원들이 '우리'라고 부르는 범주가 형성된다는 점이다. 나 혹은 당신이 누군가를 '우리'라고 부를 때는 피부색이 무엇인가, 성별이 무엇인가 하는 물리적 기준 외에도 더욱 내밀한 의식의 작용이 있는데 이 역할을 하는 게 바로 사회적 정체성이다.

이 점에서 우리는 개인적 정체성Personal identity과 사회적 정체성을 나눠 접근해 볼 수 있다. 개인적 정체성은 원래 '내'가 타인과 구별된다고 믿는 특징을 일컫는다. 이를테면, 나는 정직한 사람이다, 나는 운동을 좋아한다 등 자신이 어떤 사람인지 성격, 가치관, 신념, 감정에 대한 자각과 인식이다. 개인적 삶의 서사 속에서 고유한 환경으로부터 형성된다.

반면 사회적 정체성이란 개인 바깥의 사람들과 연결되어 있으며 개인이 속한 집단의 다른 구성원들과 공유하는 공간에서 유지된다.[199] A 고등학교나 B 대학교 학생으로서 정체성, 특정 지역민이나 한국인으로서 정체성을 떠올리면 된다. 개인적 정체성은 원천이 개인 속에 있지만 사회적 정체성은 앞서 말한 '우리', 혹은 나와 우리의 관계 속에 있다.

그런데 이렇게 되묻지 않을 수 없다. 아니, 완전히 개인적인 정체성이라는 게 정말 있는가? 내가 어떤 사람인지에 대한 자각과 인식도 결국 다른 사람과 비교하거나 공동체 공간에서 관계를 통해 이루어지지 않는가? 인간은 본질적으로 사회적 동물인데, 그럼 개인적 정체성은 물론이고 인간의 모든 정체성은 다 사회적인 거 아닌가?

맞는 말이다. 개인적 정체성이라 해도 완전히 외부와 동떨어져 홀로 존재하지 않는다. 정체성의 모든 측면은 사회적으로 영향을 받는 동시에 정체성의 선명성이란 다른 사람들과 관계를 통한 사회적 맥락 속에서만 얻어지기 때문이다.[200] 사회적 정체성에서 '사회적'이라는 표현 때문에 생기는 모호함이다.

모든 형태의 정체성은 그것이 심지어 개인적 정체성이라 하더라도 필연적으로 사회적이다. 이런 관점에서 보면 '사회적'이란 표현은 모든 정체성에 포함되므로 적절치 않다는 결론에 이를 수 있다. 그럼 '사회적'이라 부르는 대신 뭐라고 하면 명확해질까? 어쨌든 '나'라고 하는 범주와 '우리'라고 하는 범주는 다르니 말이다.

그래서 지금부터는 이를 **집단적 정체성**Collective Identity이라고 부르고자 한다. 집단적 정체성이라는 이름 아래 '우리'는 좀 더 명료해진다. 정리하자면, 우리는 모두 한 개인으로서 정체성을 가지며, 정체성은 본질적으로 개인적인 동시에 사회적이다. 다만, 그 정체성이 외부의 어떤 집단, 혹은 집단의 구성원들과 관계된 시공간에서 비롯된 바가 클 때 집단적 정체성이라 할 수 있다.[201]

집단 혹은 집단적

그런데 여기서 또 하나 쉽지 않은 문제가 발생한다. 방금 말한 집단적 정체성과 집단 정체성Group Identity을 구분하는 일이다. 모두 개인 속에 내재하는 정체성이고 때론 분리가 애매하지만, 이 과정이 꼭 필요한 이유는 나쁜 세상과 싸움에서 주목할 것은 집단 정체성이 아니라 집단적 정체성이기 때문이다. 두 정체성을 혼동하면 전혀 다른 결론으로 이어질 위험이 있다.

집단적 정체성은 집단 정체성과 다르다. 한 개인이 어떤 집단에 '소속'되면서 갖는 정체성은 집단 정체성이다. 반면, 집단적 정체성이란 개인이 어떤 집단에 소속되면서 새로 얻는 정체성이 아니다. 그 개인이 이미 갖고 있는 여러 정체성 중에 특정 정체성의 경우 그 원천을 다른 누군가도 유사하게 갖고 있기 때문에 집단성을 띠는 정체성이다. 결론적으로 어떤 집단에 가입하는 것과 같은 물리적 소속 행위로 획득되는 정체성이 아니라, 내가 원래 갖고 있는데 집단적 특성으로 인하여 다른 구성원들과 공유하고 있는 정체성을 말한다.

너무 복잡한가? 예를 들어 보자. 내가 해병대에 입대하며 해병대라는 집단의 일원으로 얻는 정체성은 집단 정체성에 가깝다. 내가 특정 대학이나 정당, 단체에 들어가며 그 일원으로 갖는 정체성 역시 집단 정체성이라고 볼 수 있다. 그건 집단에 대한 소속의 과정, 집단의 성원 됨을 통한 정체성이기 때문이다.

반면, 내가 여성으로서 갖는 정체성이란 집단 정체성이 아니라 집단적 정체성이다. 외부에 여성이라는 집단이 있어서 그 성원이 되며 갖게 된 정체성이 아니기 때문이다. 여성이라는 이유로 내가 이미 고유하게 갖고 있는 정체성이 다른 여성들과 연결되어 있기에 집단성을 보이는 것이다. 흑인으로서 정체성 역시 같은 이유로 집단적 정체성에 가깝다. 내 밖에 흑인이라는 집단에 어느 순간 소속되면서 얻는 정체성이 아니기 때문이다. 난민으로서 갖는 정체성 역시 집단적 정체성이다. 성소수자로서 정체성, 장애인으로서 정체성 역시 그 집단의 다른 구성원들과 자연스럽게 공유되는 집단적 정체성이라 할 수 있다.

이때 단순히 소속감 여부로 집단적 정체성과 집단 정체성을 구분하는 함정에 빠져서는 안 된다. 소속감이란 두 정체성 개념에서 동시에 나타날 수 있다. 여대에 입학할 때의 집단 정체성이 개인에게 그 대학에 대한 소속감을 주는 것처럼, 여성이라는 집단적 정체성 역시 다른 여성과 유대감, 연대감, 공감을 통해 소속감을 충족시킨다.

정리하자면, 내가 어떤 집단의 소속원이기에 갖는 정체성은 집단 정체성이라 볼 수 있다. 반면, 내가 나이기에 갖는 정체성인데, 그 근원과 사회적 맥락이 다른 누군가와 연결되기에 집단성을 갖는다면 집단적 정체성이 된다. 약자나 소수자 당사자로서, 혹은 이들과 원천을 공유하거나 유대하며 갖는 정체성은 집단적 정체성에 가까울 것이다. 예를 들어, 사회적 억압과 혐오, 배제 속에서 양심적 병역거부자로 스스로를 규정한 사람이 있다면, 그의 정체성은 수많은 다른 양심적 병역거부자와 이어졌기에 집단적 정체성이다. 그러나 양심적 병역거부자 단체에 새로 가입하면서 그 단체의 일원이기에 갖는 정체성은 집단 정체성에 속한다.

집단적 정체성의 요소들

나의 규정부터 우리의 운명까지

집단적 정체성의 질문들

이제 집단적 정체성의 비밀을 하나씩 풀어보자. 우리의 내면이 어떻게 연결되는지, 인권의 역동에 어떻게 이어지는지 심연을 엿볼 수 있으리라 기대한다. 사실 집단적 정체성은 한국 사회 인권담론에서 좀처럼 주목하지 않았던 분야이다. 따라서 그 세부적인 측정, 평가의 기술적 문제보다는 정의와 의미, 시사점을 소개하는 데 더 무게를 둘 것이다.

먼저, 사회적 정체성 이론의 기초를 마련했던 폴란드의 심리학자 헨리 타지펠Henri Tajfel 이후 본격화된 집단적 정체성의 여러 이론적 연구[202]를 종합하면 약자와 소수자의 집단적 정체성은 다음과 같은 질문들로 구체화된다.

- 자신이 속한 집단에 대해서 얼마나 긍정적인 소속감을 갖는가?
- 유대감의 강도는 어떤가?
- 자신의 존재 집단에 대하여 자부심이 있는가?
- 자기 자신을 약자, 소수자라고 정의하는가?
- 정서적으로 헌신할 의지가 있는가?
- 약자, 소수자라는 그 점은 자신의 존재감에 어느 정도를 차지하는가?
- 다른 약자, 소수자를 얼마나 자주 만나거나 공동의 행위를 하는가?

우리는 이를 바탕으로 여성, 성소수자, 인종적 소수자, 장애인, 노인 등 어떤 집단 속 구성원에게 있어, 개인적 행위에서 집단행동, 연대로 이어지는 과정에 관여하는 자의식의 작용을 더 풍부하게 해석할 수 있다. 다만, 이 책을 읽는 독자, 즉 우리는 집단이 아니라 개인으로 존재하기에 위의 요소 중에서 개인성[203]에 더 초점을 둔 요소를 추린다면, 다음과 같다.

① 자기범주화
② 집단에 대한 평가와 감정
③ 집단의 중요도
④ 사회적 배태성
⑤ 집단에 대한 애착과 의존성
⑥ 이념과 신념

이 여섯 개의 집단적 정체성 구성 요소를 통해 우리 각자가 스스로 누구인지를 이해하는 과정에서 나쁜 세상과 싸움에 영향을 미치는 정체성이 무엇인지, 왜 그런지 생각해 볼 것이다.

누구인가, 혹은 누구일 것인가: 자기범주화

인간은 성장하며 여러 번 자신의 정체에 관해 진지한 물음을 던진다. 사춘기 시절이 그러하고, 진학이나 직업 선택 등 삶의 중요한 경로를 결정할 때, 유학이나 이민같이 주위 환경의 급격한 변화를 겪을 때 그러하다. 또, 이별이나 아끼는 사람의 죽음 같은 관계의 상실을 마주할 때도 마찬가지다. 특히, 나의 존재 자체가 사회에서 존중받지 못할 뿐 아니라 거부의 대상이라는 사실을 알아챌 때 이 질문은 때로 일상을 삼켜버린다.

한 여성이 있다. 한국이 아닌 다른 아시아 지역에서 거주했는데 백인 남성과 고급 레스토랑에 갈 때마다 이상한 점을 눈치챘다고 한다. 직원들이 음식이나 서비스가 마음에 드는지 물을 때 오직 남성에게만 질문하더라는 것이다. 여자라서 그런가? 동양인이라서? 이상하다고 동석했던 남성에게 말하니 왜 그리 복잡하게 사느냐는 답이 돌아왔다. 괜히 억울한 마음이 들었단다. 안 복잡하게 살아도 되는 사람은 좋겠다고. 매번 자신이 누구인지, 왜 그런지 묻지 않아도 되는 사람은 참 좋겠다고.[204] 특정 시간, 공간, 사람들에게 나는 어떤 존재일지 끊임없이 스스로 묻게 되는 건 약자, 소수자에게 숙명 같은 일이기도 하다.

자기범주화Self-categorization란 '자신을 특정 사회 집단의 구성원으로 식별하거나 특정 사회 집단의 관점에서 분류하는 것'이라고 정의할 수 있다.[205] 한 개인이 자기를 사회적 존재로서 인식하는 과정과 정도를 뜻한다.

여성 노동자를 예로 들어보자. 성차별 같은 이유로 직장 내 고위직 진급이 막힌 상황을 일컫는 유리천장 지수. 우리나라는 OECD 국가 중 20년째 최하위로 집계되고 있다. 그만큼 직장 내 여성차별이 심각하다는 의미다. 20대 여성의 다수는 비정규직 노동자이고, 같은 비정규직이라 해도 남성보다 25퍼센트 적은 임금을 받는다. 정규직까지 포함하면 이런 임금 격차는 더욱 벌어져 OECD 국가 중 최악인 수준이다.[206] 수십 년 전 통계가 아니라 지금 이 시각의 얘기다.

태어날 때부터 여성이었고 당연히 자신도 그것을 알았지만 어느 순간 노동자라는 사회적 존재로서 여성인 자신을 다시 인식할 수 있다. 여성이라는 성별Sex을 갖는 것과 시대, 환경, 사회적 조건 속에서 여성으로서 자신의 존재Gender를 인식하는 것은 별개의 과정이다.

성소수자, 장애인으로서 자기범주화도 마찬가지다. 자신의 성적 지향, 성별 정체성, 신체 기능이 사회적 다수 구성원과 차이가 있음을 단순히 아는 것과 사회적 소수자로서 자신을 정의하는 건 다른 과정이다.

자기범주화란 후자를 의미한다. 인권운동의 역사에서 약자, 소수자인 당사자는 주체이자 주인공이었다. 언제나 그들 속에서 뿌리를 내렸고 싹을 틔웠다. 인권개념을 비롯하여 나쁜 세상을 균열 내는 몸짓에 이르기까지 우리는 그 점을 확인하였다. 약자와 소수자가 자신을 약자와 소수자로 자기범주화하지 않거나 하지 못하면 이 모든 과정은 허상과 다르지 않다. 자기범주화는 집단적 정체성의 가장 기본적인 요소이자 다른 모든 요소의 전제 조건이 된다.[207]

마음의 조각들: 평가와 감정

자기범주화 이후 직관적으로 따라붙는 것은 **집단에 대한 평가와 감정**Evaluation, Private regard이다. '나의 정체성을 정의한 그 범주에 대해서 나는 어떤 생각과 감정을 가졌는지'를 나타낸다.[208] 자기범주화가 사회적 존재로서 인식 및 규정이라면 집단에 대한 평가와 감정은 그 존재를 받아들이는 태도를 의미한다. "나는 흑인이어서 행복하다"와 같이 기쁘다, 행복하다, 자랑스럽다, 후회하다, 불만족하다 등 마음의 상태이다.

10년 전이다. 미 국무부의 지원을 받아 한국을 방문한 미국 고등학생들을 대상으로 평화워크숍의 기획을 맡았던 일이 있다. 양심적 병역거부 당사자인 활동가를 강연자로 초청했다. 마지막 질의응답 때 한 고등학생이 물었다.

"그래도 한국은 종전 상황인데 혹시 죄책감 같은 것도 느낄 때가 있나요?"

강연자 답의 취지는 이랬다. 그런 마음이 들 때도 있지만 적어도 내가 신념에 따라 병역을 거부하는 존재라는 점에 대해서는 부끄러운 적이 없다고. 떳떳하다고.

양심적 병역거부자로 자신을 범주화한 당신은 신념에 의해 병역을 거부하는 존재에 관해 어떤 감정을 갖고 있는가? 장애인으로 자신을 범주화한 당신은 장애인인 것에 대해 어떤 마음을 가졌는가? 이주민으로서 당신은, 비정규직 노동자로서, 비혼모로서, 노인으로서 당신은? 아쉬운가? 부끄러운가? 슬픈가? 자랑스러운가? 억울한가? 당당한가? 이 요소를 통해 우리는 사회적 범주에 대한 개인의 긍정적이거나 부정적인 태도를 인권 위에 펼쳐볼 수 있다.

많은 약자와 소수자 집단의 성원들은 자기범주화 이후 이 범주를 벗어나기 위해 애를 쓰기도 한다. 집단에 대한 평가와 감정이 부정적인 경우다. 비가시적 소수자가 자신의 소수자성을 드러내지 않고 숨기는 경우 사회적 억압, 게토, 스테이터스큐의 작용도 있지만 동시에 자신이 속한 소수자 집단에 대한 부정적인 평가와 감정이 이유가 되기도 한다. 반면 부정성의 극복을 통해 보다 적극적인 인권의 주체로 성장하기도 한다. 나쁜 세상과 싸움에서 약자와 소수자 당사자가 자신의 집단, 범주에 대해 긍정적인 평가와 감정을 갖는 건 강력한 동력이 된다.

더없이 소중한 일부: 집단의 중요도

나라는 사람이 나인 것, 나라는 사람이 나일 수 있는 것, 나라는 사람을 나이게 하는 것에는 수많은 요소가 영향을 미친다. 나이, 학교, 취미, 특기, 직업, 신체적 특징, 성별, 성적 지향, 가족, 출신 지역 등 한 사람의 자아를 이루는 여러 요소 중에서 어떤 것은 다른 요소에 비해 훨씬 중요한 의미를 갖기도 한다.

집단적 정체성 중에서 **집단의 중요도**Importance란 '어떤 개인에게 특정 집단 소속감이 전체 자아의 구성에 얼마나 의미를 갖는지' 그 정도를 뜻한다. 사실 특정 집단 소속감은 충성심을 비롯하여 많은 요인으로 구성된다. 집단적 정체성에서 말하는 집단의 중요도란 이들 여러 소속감 요인 중에서 특히 그 집단의 정체성에 바탕을 둔 소속감이 자아에 미치는 명시적 중요성 Explicit importance을 일컫는다.209

양심적 병역거부의 이야기를 조금 더 이어가 보자. L은 2012년 병역거부를 결심했다. 당시 대체복무의 방법이 전혀 없는 상황에서 병역거부자는 수감 생활을 해야 했다. L은 프랑스 정부로부터 난민으로 인정받아 프랑스에 이주하여 이민자로서 삶을 시작했다. 이후 그는 여러 국가의 병역거부자들과 연대하며 평화운동에 참여했다.210 L은 남성으로서 정체성, 20대 청년으로서 정체성, 이민자로서 정체성을 가질 것이나 이 모든 정체성 중에서 전체적인 자아감에 압도적인 영향을 미친 것은 아마도 양심적 병역거부자로서 정체성일 것이다.

흑인 인권운동을 이끌었던 마틴 루터 킹 목사에게는 그가 흑인이라는 것, 흑인이라는 집단에 대해 갖는 생각과 감정 및 소속감이 그의 학교나 지역, 성별에 의한 정체성보다 중요했을 것이다. 어떤 여성에게 여성으로서 정체성은 그의 다른 정체성보다 자아감에 결정적일 수 있으나 다른 여성에게는 세대 정체성 또는 직업 정체성이 더 크고 압도적일 수 있다.

참고로, 집단의 중요도는 환경의 변화에 따라 일시적으로 급속하게 달라지기도 한다. 예를 들어 한국인이라는 정체성, 한국인이라는 집단의 명시적 중요성은 내가 한국에 있을 때보다 여행, 혹은 이민을 통해 다른 국가에 기거할 때 더 중요해질 수 있다. 내가 여성으로서 갖는 명시적 중요성 역시 임신이나 육아를 할 때, 혹은 경력단절 후 새로 직장을 구할 때나 진급을 앞두고 있을 때 더 중요해진다.

집단의 중요도가 클수록 집단의 성원인 약자, 소수자에게 집단의 사회적 지위, 집단을 둘러싼 억압이 미치는 영향력은 커질 수밖에 없다. 약자와 소수자 자신도 이를 더욱 기민하게 받아들이게 된다. 그럼 나쁜 세상의 문제를 바꿔낼 의지 역시 고양될 수 있으며, 이에 맞서 변화를 이루는 행위, 집단행동과 연대로 나아갈 가능성 또한 높아진다.

나의 사람들: 사회적 배태성

결혼 이민 여성이나 이주 노동자 등 이주민을 생각해 보자. 이주민 A는 다른 이주민과 함께 음악 밴드를 만들어 동호회 활동을 한다. 주말이면 이주민 구성원이 다수인 교회 예배에 참석하여 시간을 보내고, 이주민들을 상대로 장사하는 작은 가게에서 정기적으로 아르바이트를 한다. 자연스럽게 그의 사회적 관계에서 이주민이 차지하는 비중은 상당하다. 반면 이주민 B는 그가 의도했든 의도하지 않았든 상관없이 다른 이주민과 교류

할 기회나 시간이 매우 적다. 그의 교우 관계에서 이주민이 차지하는 비중은 상대적으로 훨씬 낮다.

둘 다 자신을 명확히 이주민이라는 사회적 존재로 범주화하고, 이주민인 것에 비슷하게 자부심을 느끼거나 이주민 집단의 성원인 것에 긍정적인 정서를 가지며, 이주민이라는 사실이 자아감에 명시적으로 중요하다 하더라도 둘 사이 집단적 정체성은 크게 다를 수 있다. 어떤 이주민이 다른 이주민들과 자주 교류하는 것은 그것이 비교적 단순한 친화의 시간이라 해도 집단적 정체성 형성에 영향을 미치기 때문이다. 여타 소수자 집단에서도 마찬가지다.

사회적 배태성 Social embeddedness은 '개인의 집단적 정체성이 그 개인의 대인관계에 얼마나 관여하는지'를 의미한다. 즉, 집단적 정체성으로 연결된 다른 사람들과 어떤 강도, 어떤 빈도로 함께하는가를 묻는 개념이다. 이 요소는 '정체성과 관련된 활동에 참여하는 동안 사귄 친구의 수' 또는 '지속적으로 사회적 관계를 맺고 있는 사람 중에 나의 집단적 정체성과 관련된 집단 속 구성원의 비율' 등으로 나타난다.[211] 예를 들어 성소수자인 나는 다른 성소수자와 얼마나 유기적인 관계를 맺고 있는가, 장애인인 나는 장애인 공동체 및 네트워크와 어떤 정도로 연결되어 있는가 등이다.

사회적 배태성은 다른 어떤 집단적 정체성 요소보다 인디지니어스 네트워크와 직접 연결된다. 일상의 만남, 교류, 감정의 공유 등 커뮤니티 활동에서 일상성의 빈도가 곧 사회적 배태성을 반영하기 때문이다. 따라서 "어떻게 하면 연대의 토대, 밑바탕을 공고히 할 것인가" 하는 질문과 함께 장기적으로 네트워크 전략을 세우는 데 특히 중요한 함의를 갖는다. 이 문제는 7장에서 보다 구체적으로 살펴볼 수 있을 것이다.

공유된 운명: 애착과 의존성

다음은 쌍용차 해고노동자로 인권 현장을 지켜온 김진숙 노동운동가의 발언 중 일부다.

"전태일이 풀빵을 사주었던 여공들은 어디서 굳은살 박인 손으로 침침한 눈을 비비며 아직도 미싱을 돌리고 있는가. 아니면 LG트윈타워 똥물 튄 변기를 빛나게 닦다가 잘렸는가. 아니면 인천공항의 대걸레만도 못한 하청의 하청노동자로 살다가 잘린 김계월이 됐는가. 그도 아니면 20년째 최저임금 코레일네트웍스의 해고자가 되어 서울역 찬 바닥에 앉아 김밥을 먹는가. 노동존중 사회에서 차헌호는, 김수억은, 변주현은 왜 아직도 비정규직인가…… 최저임금에 멸시의 대명사인 청소 일자리를 지키겠다고 울며 싸우는 이 노동자들이 보이십니까. "아빠 왜 안 와"라고 묻는 세 살짜리 아이에게 "아빠는 농성장이야"라는 말을 어떻게 설명할지 모르겠다는 이 노동자들이 보이십니까. 동지 여러분, 민주주의는 싸우는 사람들이 만들어왔습니다……. 먼 길 함께 걸어와 주셔서 고맙습니다. 살을 깎고 뼈를 태우며 단식하신 동지들 너무 고생하셨습니다. 앞으로 얼마나 더 먼 길을 가야 할지 모를 우리들. 포기하지 맙시다. 쓰러지지도 맙시다. 저도 그러겠습니다."[212]

노동자로서 나의 운명이 어떻게 전태일부터 김진숙에 이르는 수많은 노동자의 운명과 연결되는지 보여주는 대목이라고 생각한다. 다른 사례도 하나 더 보자. 지난 2024년 8월 아프가니스탄의 탈레반 정권은 여성에 이어 남성에까지 새로운 규제를 적용하는 도덕법을 제정했다. 수염의 길이를 제한하고, 청바지와 넥타이를 금지하는 등 외모를 통제하는 법안이다. 미국의 워싱턴포스트는 이 법안에 대해 아프가니스탄 남성들을 2주에 걸쳐 인터뷰했다. 인터뷰에 참여했던 남성들이 공통으로 후회하는 것은 더 일찍 여성의 자유를 억압하는 도덕법이 제정됐을 때 반대하는 목소리를 함께 내야 했다는 점이었다.[213] 탈레반의 압제 속에 여성의 인권은 남성의 인권과 분리될 수 없음을, 저 거리에서 끌려가는 여성의 자유가 곧 내 자유였음을 비로소 인식한 것이다.

집단에 대한 개인의 **애착과 의존성**Attachment and Interdependence이란 '개인이 그 사회적 범주에 대해 느끼는 정서적 연관성 또는 그 집단의 운명이 곧 나의 운명과 겹친다고 인식하는 정도'

를 의미한다.[214] 내 집단을 둘러싼 억압이나 차별, 폭력을 나에 대한 억압과 차별, 폭력으로 느낀다는 뜻이다. 다른 약자, 소수자와의 연대가 연민 때문이 아니라 그들의 운명과 나의 운명이 엮여 있음을 인식하는 일이기도 하다.

앞서 2장 말미에 흔들림 없는 존엄의 주인인 동시에 한없이 약하고 부서지기 쉬운 우리가 서로를 호명하고 서로에 기대며 연대하는 것은 선의나 동정, 책임감이나 부채감을 넘어 보다 근원적인 존재 의식에 연결된다고 말한 바 있다. 집단적 정체성에서 애착과 의존성은 바로 이 점을 투영한다.

보다 거대한 하나: 이념과 신념

집단적 정체성의 구성 요소에서 마지막으로 다룰 **이념과 신념** Ideology은 가장 복잡하면서도 나쁜 세상의 변화를 위한 직접 행동, 연대 참여에 바로 연결되는 요소가 아닐까 싶다. 이념과 신념에 앞서 '내용과 의미'라는 영역을 살펴보는 게 필요하다.

내용과 의미Contents and Meaning란 '거대한 사회 구조와 역사 속에서 그 집단이 어떻게 존재해 왔는지에 대한 감각'을 의미한다. 여기서 '존재해 왔는지' 속에는 집단이 이어온 서사, 정치적 입장이나 이념이 포함된다.[215] 이를테면, 유교 기반의 통치, 가부장제, 이어 산업화를 거쳐 오늘에 이르기까지 가정, 경제 및 노동 현장, 문화 예술 영역과 정치권력에 있어 여성이란 집단이 한국 사회에서 어떻게 살아왔는지에 대해 여성인 당신이 갖고 있는 역사적, 사회적, 정치적 인식이다.

이 중에서 특히 이념이란 그 집단이 지금까지 겪어온 역사적 경험을 통해 구축한 다양한 유형의 신념들을 일컫는다. 공동체 속에서 나의 집단이 갖는 지위, 정치적 위상, 집단행동에 대한 믿음 등이 해당한다. 바로 이런 신념들이 모여서 집단의 자의식을 만든다. 또, 집단 속에서 "널리 공유되는 공통의 믿음과 가치를 구체화하고 전파하는 기능을 담당"[216]하는 것이 신념의 역할이다.

이런 가정을 해보자. 여기 일제 강점기 한국인으로서 자신의 존재를 서로 다르게 인식하는 사람들이 있다. A는 한국인이 일제 치하에 억압받는다고 생각한다. B는 한국인이 억압받는다는 역사적 인식은 거의 없지만 나 개인은 어쨌든 단지 한국인이라는 이유로 일상에서 차별받는다고 느낀다. 반면 C는 개인적으로도 별다른 차별을 느끼지 않고 한국인이 크게 억압받는다고 여기지도 않는다. A는 일제에 맞서는 더 많은 투쟁이나 저항이 필요하다고 느낄 것이다. B는 조금 달리 생각할 수 있고, C는 정반대로 불필요한 소란이라고 여길지도 모른다.

나라는 존재를 한국인으로 정의하며(자기범주화), 한국인이라는 사실이 내게 의미 있고(집단의 중요도), 다른 한국인과 자주 어울리는 동시에(사회적 배태성), 내 운명이 다른 한국인의 운명과 맞닿아 있음(애착과 의존성)을 잘 알더라도, 한국인은 억압받고 있으며 더 많은 저항이 필요하다는 신념까지 모두 이어지는 것은 아니다.

결국 이념과 신념이란 사회, 역사, 권력관계 속에서 노동자, 여성, 장애인 등 내가 속한 그 약자 및 소수자 집단이 어떻게 살아왔는지에 대한 통시적인 감각이다. 자신의 존재를 둘러싼 억압의 이해, 그리하여 집단의 가시화가 필요하다는 의식, 나아가 억압에 맞서는 집단적 행동에 대한 의지와 열망이 모두 이념과 신념에 속한다. 더하여, 여성은 여성의 인권을 위한 더 강력하고 더 빈번한 집단행동을 조직할 필요가 있다, 장애인은 장애인 인권을 위한 집단행동에 연대할 필요가 있다, 등 약자와 소수자의 더욱 주체적이고 집단적인 행동에 동의하고 공감하는 정도이기도 하다.

집단적 정체성의 숲과 표출

집단적 정체성을 잠시 숲에 비유해 보자. 먼저 이 숲이 우리 삶에 어떤 의미인지, 우리에게 미치는 영향에 관해 검토했다. 집단적 정체성 개념의 이해다. 다음으로 숲이 어떻게 이루어져 있는지, 땅과 나무와 물과 햇빛과 곤충과 동물들을 살펴봤다. 집단적 정체성의 구성 요소다. 이제 알아볼 것은 푸르게, 노랗게, 하얗게 숲을 바꾸는 계절에 관한 얘기다. 혹은 숲의 습도와 온기를 결정짓는 날씨에 관해서라고 봐도 좋겠다. 우리가 숲을 보는 그날 그 시간에 숲의 상태를 결정하는 공시적共時的 조건이다. 다양한 사회적 맥락과 관계, 사건Social context and Social settings은[217] 집단적 정체성이라는 숲의 외관을 바꾼다.

먼저, 자기범주화, 배태성, 의존성, 신념 등 개인이 갖고 있는 집단적 정체성의 현재 상태는 그 시기에 그가 얼마나 안정적인 자아존중감을 가졌는지에 직접적으로 영향을 받는다. 특정 시기 무력해진 자존감, 혹은 비정상적으로 증폭된 자존감은 집단적 정체성과 다양한 구성 요소의 강도, 작용을 왜곡할 수 있다. 자존감은 내부에서 생겨나 작용하는 것 같지만 결국 그 개인이 처한 환경으로부터 영향을 받는다는 점에서 사회적 맥락과 연결된다.

다음으로, 다른 개인이나 집단과의 관계에서 발생하는 특정 시기의 사회적 맥락 역시 집단적 정체성의 현재 상태를 변화시킨다. 예를 들어 장애인으로서 갖는 집단적 정체성의 강도는 최근 며칠 다른 장애인과 더 내밀한 관계가 되거나, 다른 장애인에게 사기를 당하거나, 고마운 일이 생기거나, 혹은 친밀하게 활동하고 있는 장애인 동호회에서 따돌림을 당하거나 내가 속한 장애인 단체가 다른 장애인 단체와 갈등을 일으키는 등과 같은 관계의 변동에 상당한 영향을 받을 수 있다.

여성으로서 집단적 정체성 중에서 특히 사회적 배태성이나 집단에 대한 평가는 여성 모임에서 활동을 함께하고 있는 다른 여성과 극도의 감정 싸움 직후에 급격히 낮아질 수 있다. 혹은 여성 단체의 내부 회계에서 부정 사건이 발생한 이후라면 집단적 정체성의 구성 요소 중 집단에 대한 평가와 이념 및 신념이 일시적으로 낮아질 것이다. 그럼 이 시기 아마도 여성이라는 집단적 정체성이 그 개인에게 미치는 영향이 줄어들거나 사회적 배태성, 집단에 대한 평가가 집단적 정체성 전체에 미치는 영향 역시 왜곡되어 나타난다.

이와 같이 집단적 정체성은 개인의 정체성이지만 동시에 사회적으로 맥락화된 현상Contextualized phenomenon이며, 집단적 정체성 중에서 어떤 요소가 더 두드러지고 덜 두드러질지 역시 사회적 맥락에 달렸다. 결국 이와 같이 사회적 맥락과 관계, 사건에 의해 집단적 정체성의 외연이 변화한다는 점은 우리가 집단적 정체성을 고민하고 강화하기 위해 보다 긴 시계열에서 접근해야 함을 시사한다.

한편, 숲은 또 여러 생태의 군락으로 이루어졌다. 계절이나 기후의 변화에 따라 어느 군락이 더 성하기도 하고 때론 서로의 군락을 침범하기도 한다. 인간은 다중의 집단적 정체성Multiple collective identities을 갖는데, 이들 정체성은 중첩되고 교차하

며 때로는 충돌한다.[218]

 이를테면 비주류 예술인이며 장애인인 한 개인을 생각해 볼 수 있다. 장애인 지하철 시위 현장을 비난해 온 특정 정당이 비주류 예술인의 처우를 개선하는 획기적이고 장기적인 정책을 발표했다. 이 정당에 대한 지지를 두고 비주류 예술인으로서 집단적 정체성과 장애인으로서 집단적 정체성은 서로 갈등을 일으킬 수 있다.

 이민자 부모를 둔 돌봄 노동자의 정체성을 상상해 볼 수도 있다. 특정 시기 정책의 변화로 돌봄 노동에 종사하는 이주민들이 일시적으로 급격히 늘어서 이 사람이 잠시 일자리를 구하기 힘든 상황에 직면했다고 가정하자. 이주민의 일자리 증가가 반가운 이민자 자녀로서 집단적 정체성과 당장 경쟁이 심화된 돌봄 노동자로서 집단적 정체성 역시 충돌을 일으킬 수 있다.

 한 사람이 가진 다중적인 집단적 정체성이 충돌이나 갈등을 일으키지 않는다고 하더라도 이들 여러 정체성이 동시에 선명하게 드러나는 것은 아니다. 여기 동성애자 남성과 이성애자 남성이 있다. 이들이 갖고 있는 동성애자 혹은 이성애자로서 정체성은 해외 다른 국가의 정치 현실에 관해 토론할 때보다 동성 결혼에 관해 토론할 때 더욱 두드러지게 나타날 것이다.[219] 반면, 군가산점제나 여성의 유리천장에 관해 이야기를 나눈다면 성적 지향의 집단적 정체성보다는 남성으로서 정체성이 더 강하게 드러날지도 모른다.

더 좋은 싸움을 위하여

Dignity Plan   How do we fight a bad world

집단적 정체성과 커뮤니티의 강화
뿌리를 내려 잇다

집단적 정체성의 힘

우리는 지금 서로의 눈물을 알아채는 것에서 출발하여 최종에는 연대에 이르기까지 작용하는 여러 힘을 살펴보고 있다. 그 막바지, 나쁜 세상과 싸움에서 한 개인을 자력화하여 움직이는 동력에 관해 추적하는 중이다. 결과적으로 인권의 힘으로써 집단적 정체성이란 자신의 사회적 존재에 대한 명료한 의식, 존재의 의미와 가치에 대한 긍정적 감각, 다른 약자 및 소수자와 유기적 관계 맺음, 내 존재와 다른 존재의 운명적 연결, 함께 지나온 과거를 비춰 연대와 행동에 관해 갖는 신념이라고 정리할 수 있다.

이런 집단적 정체성은 카리스마적 리더, 외부의 자원에 주목했던 전통적 사회운동 모델이 제대로 설명하지 못했던 현대의 약자, 소수자 인권운동을 보다 장기적인 관점으로 해석해 낸다. 뿐만 아니라 집단적 정체성은 그 자체만으로도 효과적으로 인권의 역동에 기여한다. 존재의 근간을 이루는 속성의 공유에 기반해 그 성원으로 하여금 하나 됨Oneness, 우리 됨We-ness을 느끼도록 만들기 때문이다.[220] 집단적 정체성을 가짐으로써 한 개인은 나쁜 세상과 싸움을 이어가는 수많은 다른 개인과 자신을 동일시하게 되는데 이런 동질감은 집단행동 참여의 매우 강력한 촉매제가 된다.[221]

실제로 집단적 정체성이 고양된 약자, 소수자는 그가 속한 집단이 불이익이나 위협을 받을 때 집단적으로 함께 싸울 준비가 되어 있다. 나아가 이 연결의 정서는 헌신, 애착을 촉진하고 실패나 좌절 속에서도 회복력, 지속 가능성을 높일 수 있다.[222] 결과적으로 여러 경험적 연구는 어떤 집단 속 개인을 집단행동에 참여시키기 위해서는 강력한 집단적 정체성이 요구된다고 주장한다.[223] 아울러, 강력한 집단적 정체성이 인권운동의 조직과 확산에 있어 집단적 동기나 보상적 동기보다 더 효율적일 수 있다고 밝힌다.

우리는 약자와 소수자 집단에게 있어 집단적 정체성의 어떤 요소가 부족한지 고민하고 채워갈 수 있다. 이를 통해 단순히 개념이나 선언으로서 자력화가 아니라 실제로 자력화에 이바지하는 전반의 토대를 점검하고 튼튼하게 만들 수 있다. 물론,

집단적 정체성의 각 요소를 강화하는 방법에 대해서는 더 면밀한 분석과 연구가 필요하고 집단마다 처한 상황에 따라 적용도 다를 것이다. 따라서 단정하기는 어려우나 그래도 몇 가지 사례를 이어서 살펴보며 집단적 정체성을 강화할 수 있는 아이디어를 함께 그려보고자 한다.

호명하고 긍정하는 메아리

사실 집단적 정체성은 쉽게 혼동되는 개념이며 재차 말하지만 우리 사회에서 상대적으로 크게 관심을 두지 않았던 담론이기도 하다. 사회학, 심리학에서 설명하는 내용도 차이가 크다. 서로 다른 이론적 배경으로 말미암아 집단적 정체성의 일면에만 집중하거나 해석하는 체계도 다르다. 같은 면을 보더라도 서로 다른 이름으로 명명하기도 한다.

때문에 집단적 정체성을 강화하는 아이디어를 짚어 봄에 있어 꼭 기억할 점은 우리가 필요에 의해 집단적 정체성을 분류하여 접근하고 있지만 마치 피자를 조각조각 나누듯 정체성을 어떤 기준에 맞춰 명료하게 쪼갤 수 있다고 오해해서는 안 된다는 것이다. 한 인간, 약자와 소수자의 정체성을 집단적 정체성 관점에서 접근하는 일은 글씨를 더 선명하게 보기 위해 안

경을 바꿔 끼고 조도를 조정하는 행위에 가깝다. 인권의 역동을 위해 다양하고 복잡한 정체성을 어떤 방향에서 어떤 관점으로 바라보는가 하는 문제다.

바로 이 점이 집단적 정체성 각 구성 요소의 강화 역시 서로 연동되어 있다는 사실을 보여준다. 인권의 불가분성과 상호의존성처럼 집단적 정체성의 구성 요소는 서로 맞물릴 뿐 아니라 교집합을 이루며 영향을 주고받는다. 아마도 집단적 정체성을 강화하는 것이 초기 단계에서는 어려울 수 있지만 일단 하나 혹은 몇 개의 요소가 강화되면 다른 구성 요소의 강화 또한 쉽고 빨라질 것이라는 의미다.

먼저, 집단적 정체성의 가장 근본적인 요소라고 할 수 있는 자기범주화, 집단에 대한 긍정적 평가와 감정을 높이기 위해서는 집단의 경계, 즉 '우리'라는 범주를 인권의 관점에서 정리하고 확장할 필요가 있다. 이는 약자와 소수자를 약자와 소수자로 호명하는 일이기도 하다. 아울러, 집단 구성원들 사이의 교집합과 공통점 및 유사성의 강조, 집단 구성원들이 서로 협력하여 성취를 이룰 수 있는 경험의 증대를 통해서 역시 자기범주화, 집단에 대한 긍정적 평가와 감정은 강화될 수 있다. 구체적으로 집단의 존재를 알리고 드러내는 활동, 집단의 성원들을 주체로 정의하는 교육, 집단의 특성과 장점을 고려한 프로그램 개발, 공동으로 이룰 수 있는 선명한 목표의 공유, 집단의 자긍심 고양을 직접적으로 목적하는 캠페인을 강화할 수 있다. 몇 가지 사례를 보자.

지난 2021년 경기도는 주목할 만한 여론조사 결과를 하나 발표했다. 조사에 응답했던 도민 87퍼센트가 청소년 노동인권교육 정규교과 편성에 찬성했다.[224] 후속 조치가 아쉽지만 실은 수치만으로도 노동자로서 범주화 강화의 관점에서 고무적인 면이 있다. 돌아보면 청소년 노동인권교육을 공교육 시스템 안에서 정규화하기 위한 노력은 계속되어 왔다. 주요 인권 및 노동권 조직들은 지난 10년 넘게 '청소년 노동인권교육 정규교과 편성 캠페인'을 벌였다. 이는 현재, 혹은 예비 청소년 노동자를 보호하고 자력화하기 위해 필요한 조치이다. 동시에 자기 범주화를 통해 노동자로서 청소년의 집단적 정체성 발아를 돕는 일이기도 하다.

양성평등 문패 역시 이런 관점에서 생각해 볼 수 있다. 과거 김대중 전 대통령, 이희호 여사의 부부 문패로 잠시 여론의 주목을 받았던 양성평등 문패는 이후 몇몇 지자체에서 '양성평등 문패 달기 캠페인'으로 이어졌던 바 있다.[225] 일부 언론에서 부부의 화합, 가정의 평화 등으로 이슈를 다뤘으나 사실 양성평등 문패 달기 캠페인 역시 여성들을 주체로 호명하는 집단적 정체성의 강화 관점에서 의미가 있다.

1960년대에서 1970년대에 걸쳐 미국에서 펼쳐졌던 '흑인예술운동Black arts movement'은 예술과 문학을 통해 흑인의 자부심이라는 메시지를 흑인 당사자와 사회에 던짐으로써 집단적 정체성, 특히 집단에 대한 긍정적 평가와 감정을 강화했다고 평가받는다.[226] 성소수자 프라이드운동에서 매년 퀴어 프라이드 개최기를 'Pride Month', 자긍심의 달로 기념하는 것 역시 성소수자의 집단에 대한 긍정적인 평가와 감정을 강화하는 캠페인이다.

국제앰네스티 한국지부가 진행하는 일련의 캠페인도 마찬가지다. 예를 들어 국제 성소수자 혐오 반대의 날을 맞아 펼쳐진 '미워해도 소용없어' 영상 캠페인 등은 소수자의 존재에 대한 응원과 지지 등 긍정의 메시지를 모으고 확산한다.[227]

1999년 시작된 국내 '월경페스티벌'은 비록 비정기적인 개최로 지속성을 담보하지 못하고 있지만 여성으로서 몸과 젠더를 스스로 긍정하자는 취지를 가진 축제다. '서울이주민예술제'는 이주민, 이주 노동자의 집단에 대한 긍정적 평가와 감정을 고양하며 집단적 정체성을 강화해 왔다.

별거 아닌 날들을 쌓아서

문화예술 활동이 일회성 이벤트가 아니라 지속성, 일상성을 가질 때 집단적 정체성에서 집단의 중요도와 사회적 배태성은 더욱 강화될 수 있다. 1980년대 미국에서 창립된 '춤추는 휠체어

무용단 학교Dancing Wheels Company & School'는 장애인과 비장애인이 함께하는 최초의 무대 공연으로 주목받았다.[228] 장애 포괄적인 무용을 표방하는 이 단체의 활동은 연간 훈련 참여자가 6,000명을 훌쩍 넘는다는 점을 감안할 때 장애인 당사자의 집단에 대한 긍정적 평가와 감정, 사회적 배태성, 집단의 중요도 강화를 이끌었다.

다큐멘터리까지 제작된 한국 최초 게이 합창단 '지보이스'를 비롯하여 체육대회, 연극모임 등 국내 성소수자 인권단체[229]에서 펼치고 있는 문화 예술 소모임 활성화 역시 지속성, 일상성을 통해 집단적 정체성을 강화하는 사업들이다. 이주민 문화예술공간 '프리포트'를 기점으로 다문화 예술 극단, 음악 밴드, 무대 공연을 통해 이주민 커뮤니티를 연결하는 활동[230] 역시 성원들의 집단에 대한 긍정적 평가와 감정, 사회적 배태성, 집단의 중요도를 강화해 왔다.

아울러, 집단적 정체성의 강화는 인디지니어스 네트워크의 강화와 뗄 수 없는 관계에 놓여 있다. 커뮤니티와 네트워크를 통한 연결 자체가 집단적 정체성을 강화할 뿐 아니라 다시 집단적 정체성의 강화가 커뮤니티 및 네트워크의 강화로 환류하기 때문이다. 특히 집단의 중요도, 사회적 배태성은 연관성이 더욱 긴밀하다.

스톤월 항쟁 이전 수년에 걸쳐 구축되었던 인디지니어스 네트워크를 돌아보자. 성소수자 인권운동가와 활동가는 지역 신문을 창간하고, 매거진을 발행했다. 건강 클리닉과 교회를 운영했으며, 스포츠 센터를 열고 사교 모임을 활성화하며 사람들을 연결했다. 이 과정에서 결합과 화합을 도모할 수 있었던 성소수자 커뮤니티는 성원의 동질감, 소속감, 일상성과 배태성을 높임으로써 집단적 정체성을 강화할 수 있었다. 이런 인디지니어스 네트워크의 기초가 없었다면 스톤월의 폭력은 훨씬 덜 알려졌을 뿐 아니라 그저 한 번의 사건으로 잊혔을 것이다.[231]

국내 지역사회 협동조합의 활동 역시 지역 커뮤니티 기반이지만 집단적 정체성과 인디지니어스 네트워크 강화 관점에서 참조할 만하다. 예를 들어 서울의 한 의료복지사회적협동조합[232]은 지역 주민과 의료인이 협동하여 운영하는 의료기관을 중심에 둔다. 그런데 흥미롭게도 댄스 교실, 천연 생활재 제작 살롱, 산악 동호회, 여성주의 독서 모임, 인권 시네마, 무예 훈련 프로그램, 중장년 1인 가구 연대 프로젝트 등을 운영 및 지원한다. 지역 사회 약자와 소수자를 일상으로 잇는 사업들이다.

약자와 소수자 집단 당사자의 관여가 절실한 조직에게 인디지니어스 네트워크 강화는 장기적으로 중요한 전략이다. 물론 국내 장애인, 성소수자, 여성 인권조직 등은 지속적으로 이런 활동을 이어가고 있으나 인디지니어스 네트워크가 단순히 성원과 성원의 연결을 넘어 집단적 정체성을 통해 인권적 역동에 크게 기여한다는 점을 감안하면 더욱 적극적으로 고려할 필요가 있다. 이제 막 가시화 단계에 있는 조직이라면 매일 이어지는 일상에서 더 진입 장벽이 낮고 문화적이며, 격식 없고 비공식적인 접촉(영화 관람, 취미 기반 모임 등)을 촉진하는 일부터 시작할 수 있을 것이다.

프레임과 스토리텔링

이제 집단적 정체성의 여러 요소 중에서 특히 집단행동 참여에 가장 직접적인 요소의 강화에 관해 생각해 보자. 개인이 집단행동의 어떤 단계에 있는가에 따라 더 강하게 작용하는 정체성 요소는 달라진다. 집단행동에는 아직 무관심한 단계인가, 아니면 집단행동에 관심은 있으나 참여를 주저하는 단계인가, 혹은 지금 참여 중인 단계인가. 각 단계에 따라 특정 요소가 다른 요소보다 더 강하게 작용할 수 있다. 이 점은 집단행동을 기획하거나 연대를 조직하는 입장에서 특히 핵심이 된다. 참여의 어느 단계가 문제인가에 따라 전략과 메시지를 달리해야 한다는 점을 시사하기 때문이다.

우리가 여성 인권을 위한 캠페인에 어떻게 하면 더 많은 여성 당사자를 참여시킬까 고심 중이라고 상상해 보자. 대상이 되는 여성들의 집단적 정체성 요소를 파악하고 집단행동에 더 결정적인 요소들을 중심으로 전략을 세워볼 수 있다. 이를테면 집단행동의 진행 단계에 따라 참여자를 동기부여 하는 프로그램을 구분하거나, 비참가자에게 영감을 줄 때와 일단 참여한 사람들을 유지할 때 다른 전략을 취할 수 있다.

비참여자의 최초 참여를 독려하는 게 더 중요한 과제라면 여성들이 자신을 얼마나 긍정적으로 범주화하고 있는지가 참여의 적극성을 높이는 데 보다 중요할 것이다. 집단적 정체성 중에서 자기범주화, 집단에 대한 평가와 감정이다. 앞서 언급한 사례들을 참조하여 여성이라는 사회적 존재로서 인식, 자존감을 높이는 프로그램을 강화할 필요가 있다.

반면, 최초 참여하는 여성은 많으나 연속성이나 지속성이 둔화하고 있다면 집단적 정체성의 다른 요소가 중요할 수 있다. 집단에 대한 애착과 의존성, 이념과 신념이다. 그렇다면 사회적 억압에 대한 의식을 높이고 공동 운명에 대한 인식을 확산하는 데 초점을 맞추도록 프로그램을 조정해야 한다. 억압에 맞서 온 집단의 여정, 이뤄 온 성과와 성공, 맞서고자 하는 나쁜 세상의 문제와 같은 내러티브를 더 적극적으로 관리함으로써 애착과 의존성, 이념과 신념 요소를 강화할 수 있다. 이는 집단의 서사, 이야기를 발굴하고 알리는 일이기도 하다. 예를 들어 여성인권영화제, 디아스포라영화제 등은 각 여성과 이주민 집단이 어떤 서사와 이야기를 통해 오늘에 도착했는지를 발굴하고 알린다.

특히 우리는 여기에서 집단행동 자체의 내러티브에 주목할 필요가 있다. 어떤 개인이 집단행동에 참여하기 위해서는 먼저 집단행동을 인지하고 지지하는 마음을 가져야 한다. 과거의 집단행동에 관해 지금 사람들이 듣는 내러티브가 바로 그들의 미래 참여 가능성에 영향을 미치는 것이다.[233] 여성이 어떻게 이 사회에 존재해 왔는지와 어떻게 세상을 바꿔왔는지는 별개의 얘기다. 여성이 나쁜 세상에 맞서 온 희로애락의 내러티브가 적극적으로 개발, 소개, 확산돼야 한다는 의미다.

한편, 집단행동의 내러티브는 집단행동을 스스로 어떻게 규정짓는가와 깊은 관련이 있다. 프레이밍Framing이다. 인간은 저마다 갖고 있는 인지의 틀을 통해 세상의 일들을 선택적으로 해석한다. 프레이밍은 "사람들이 세상의 사건들을 해석하고, 초점을 맞추고, 조직화하는" 과정이라고 볼 수 있다. 즉, 집단행동을 어떻게 프레이밍 하느냐에 따라 "개인의 해석, 의미형성 등이 역동적으로 구성되어 사회운동 참여 의지로 전환"될 수 있는 것이다. 프레이밍은 집단행동에 대한 해석의 틀을 제시함으로써[234] 더 설득력 있는 내러티브를 만들고 집단적 정체성을 강화하여 집단행동 참여를 독려할 수 있다.

2011년 뉴욕의 월가에서 시작됐던 시위가 세상의 시선을 끌었다. 월가 점령 운동Occupy wall street movement, OWS이었다. 수십 명에서 시작된 농성 참여자가 수만 명 단위로 불어나며 관련 문제는 사회적 의제로 부상했다. 당시 사람들이 외쳤던 구호는 선명했다. "We are the 99%! 우리는 99%다!" 상위 1퍼센트의 부유층이 사회적 부를 독점하며, 나머지 99퍼센트의 시민이 그 폐해와 불평등을 떠안는 현실을 고발하는 운동이었다.[235] 비록 OWS가 결정적 변화와 개혁을 이루었다고 말하기는 힘들지만 적어도 1:99의 싸움이라는 성공적 프레이밍을 통해 경제적 불평등과 부정의에 대항하는 내러티브를 호소력 있게 전달하고 경제적 약자 집단의 집단적 정체성을 강화하는 데 기여했다고 평가받는다.[236]

경제적 불평등에 놓인 99퍼센트의 시민이라는 정체성 프레이밍(나는 누구인가), 부를 독점한 1퍼센트의 권력층이라는 특징 부여 프레이밍(상대는 누구인가), 1퍼센트가 전체를 착취하는 압제라는 상황요약 프레이밍(한마디로 요약하면 무엇이 문제인가)[237]의 성공이었다.

성소수자 인권운동에서 역시 프레이밍의 중요성을 살펴볼 수 있다. 미국 주류 성소수자운동에서 근현대 중요한 프레임 중 하나는 혼인에 대한 평등 요구다. 2015년 미국 연방대법원이 동성결혼 합헌을 결정할 당시 성소수자들이 외친 구호는 이러했다. "Love Wins! 사랑이 이긴다!" 이 프레임은 복잡하고 갈등적인 법적 투쟁의 집단행동을 단순화하는 동시에 인류 보편의 가치에 호소하며 성소수자뿐 아니라 다양한 주체의 정서적 공감을 불러일으켰다고 평가받는다. 이후 세계 각국의 성소수자운동의 주요한 슬로건이 되었다.

인권마인즈

힘의 연동과 윤활

다양한 동력을
품고

최근 유명 배우가 방송 프로그램에 나와 자녀가 성소수자임을 밝혀 화제가 되었다.[238] 역시나 혐오 세력들은 온갖 비하와 조롱의 언어를 쏟아냈다. 성소수자 당사자뿐 아니라 그 가족에게 역시 가족 구성원이 성소수자임을 밝히는 것은 결코 쉬운 일이 아니다.

변규리 감독의 영화《너에게 가는 길》은 성소수자 자녀를 둔 부모들의 이야기를 전한다. 가장 사랑하는 타자인 자녀의 성정체성 혹은 성적 지향을 알게 되었을 때 당혹감과 염려부터 자녀에게 가해지는 사회적 폭력을 바꿔내고 싶은 의지, 약자 또 소수자로 살아갈 자녀에게 힘을 더해주고 싶은 마음까지 폭넓게 다룬다. 실제로 성소수자 자녀를 둔 부모들은 조직을 만들고 매해 퀴어 프라이드에서 별도의 부스를 마련해 적극적으로 참여한다. 또 포괄적 차별금지법 제정 등 소수자 인권을 위한 현장에 함께 선다.

나는 이들의 집단행동이 나쁜 세상에 맞서는 힘의 다양한 스펙트럼을 잘 보여준다고 생각한다. 자녀인 성소수자가 평등하게 살아가는 세상을 만들고 싶은 의지를 이들은 공유하고 있을 것이다. 자녀의 커밍아웃 그 순간부터 처음엔 부인하였으나 종국에는 받아들이기까지 통증과 성장, 그럼에도 지울 수 없는 안타까움까지 성소수자 부모로서 갖는 자의식은 다른 성소수자 부모와 연결되어 집단적 정체성을 이룬다. 이들은 서로 만나고, 모임을 이루고 일상과 문화를 함께하며 인디지니어스 네트워크를 구성했다. 이어 집단행동에 함께 나서기까지 어떤 부모에게는 자녀를 차별하는 제도의 변화(집단적 동기)가 가장 실제적인 동인이었을 것이다. 다른 부모에게는 끊임없이 스스로 자책하고 어떤 마음으로 자녀와 자신의 삶을 바라봐야 하는지 모르는 두려움 속에 다른 부모와 함께하는 시간의 가치(보상적 동기)가 주요한 동인이었다. 누군가에게는 성소수자 자녀에게 네가 무엇이든 내가 너의 삶을 아끼고 지지한다는 그 마음을 보여주는 게, 나에게 가장 중요한 타자의 외로움을 덜어주고 부모로서 곁을 지켜주는 게(규범적 동기) 가장 중요했을 것이다.

또, 잊을 수 없는 거대한 연대, 반헌법 대통령의 파면을 결국 이루어낸 시민의 역동 속에 우리는 함께했던 바 있다. 거리에 나선 사람들을 지켜보는 동안 나는 몇 개의 흥미로운 집단에 주목했다. 응원봉을 최초로 흔들었던 팬클럽 회원들, 수능시험을 마치고 함께 공부했던 친구들과 어울려 나온 고등학생, 자녀의 손을 잡고 시위 현장에 선 부모들, 걸을 때 휴대폰 안 보기 운동본부, 미국너구리연합 한국지부, 선호외계인 보호협회 등 이색적인 이름을 걸고 나온 사람들과 수많은 연대체까지 그들은 모두 하나였지만 절대 같지는 않았다.

그날 그 자리로 이끌었던 힘은 누군가에게 집단적 동기이고, 누군가에게 보상적, 규범적 동기였다. 어떤 이들에게는 강력한 집단적 정체성이, 다른 이들에게는 일상적으로 가졌던 인디지니어스 네트워크가 추동력이 되었을 것이다. 이들 사이에 작용하는 동인은 분명 다르고 넓고 다양했다.

이렇게 나쁜 세상에 맞서는 싸움의 근원되는 힘은 흩어지고 결합하며 거대한 역동의 파도를 이룬다. 울창한 연대의 숲을 짓는다. 더 나은 세상을 향한 더 큰 목소리를, 더 선명한 몸짓, 더 세찬 발 구름을 만든다. 각 집단적 동기, 보상적 동기, 규범적 동기를 고르게 자극하고 있는가, 인디지니어스 네트워크는 어떻게 성장하는 중인가, 집단적 정체성의 어떤 구성 요소가 취약하거나 그 집단의 집단행동 참여에 가장 강력한 영향을 미치는가 등 나쁜 세상에 맞서는 싸움 속에서 작용하는 힘들을 고르게 살피는 것은 더 강한 연대, 더 힘찬 역동의 마중물이 될 수 있다.

인권마인즈

지금까지 여정을 돌아보자. 우리는 먼저 인권의 정의와 주요 개념, 특성을 다뤘다. 다음으로 약자, 소수자를 둘러싼 오해를 짚고, 인권감수성을 살폈다. 혐오와 반인권의 사회적 기제를 분석하고, 이에 맞서는 인권무브먼트를 소개했다. 이를 바탕으로 사회운동 이론과 사회심리학 이론을 통해 수많은 개인이 조금 더 나은 삶과 세상을 만들려는 인권적 역동에 어떻게 관여하게 되는지 여러 가지 동인을 펼쳐보았다. 특히 규범적 동기, 인디지니어스 네트워크, 집단적 정체성에 주목하였다.

최초의 질문으로 돌아가자.

"우리는 어떻게 나쁜 세상과 싸우는가."
"우리는 무엇으로 세상의 나쁨을 감각할 수 있는가."
"우리는 어떤 이유로 더 나은 세상을 만들려는 움직임에 눈을 뜨는가."
"우리는 무슨 힘으로 서로를 부르고 마침내 거대한 몸짓을 만들어내는가."

나는 이 싸움의 효능이나 성공, 혹은 실패가 아니라 수많은 나를 불러 우리로 묶어내는 아름다운 힘에 관해 이야기하고 싶었다. 결국 이런 답에 도착하지 않았는가 싶다. 나의 존엄과 당신의 존엄을 감각하는 힘, 존엄의 실현으로 이어지는 인권을 이해하는 힘, 인권의 눈으로 약자와 소수자에 다가서는 힘, 약자와 소수자의 입장으로 반인권을 해석하는 힘, 반인권에 마주 서 존재하는 나와 우리와 수많은 다른 약자와 소수자를 잇는 네트워크와 정체성의 힘. 이런 낱낱의 힘과 작용이 우리 싸움의 근간이 되지 않는가. 이것이 디그니티 플랜, 존엄을 향한 정직하고도 효능적인 전략이었다. 한 사람이 인간의 눈물을 알아채는 순간부터 긴 여정 끝에 함께 발맞춰 연대에 나서기까지 작용하는 이런 힘들을 모아 **인권마인즈**라고 부르고 싶다.

집필하는 내내 이 글이 무엇으로 쓰일 것인가 고민했다. 정확히는 무엇으로 쓰이길 바라느냐고 해야 맞겠다. 작게는 독자들이 인권을 감각하고, 나쁜 세상에 맞서는 마음에 공감할 수 있길 바랐다. 더 나아가 저 많은 약자와 소수자들이 집단행동과 연대를 조직하는 데 실용적인 담론이 되었으면 좋겠다고 생각했다. 가장 큰 욕심이 있다면 우리의 싸움이 우리를 왜, 어떻게 인간이게 하는지, 존엄하게 하는지 비출 수 있기를 꿈꿨다. 다음은 한강 작가의 소설《소년이 온다》중 일부[239]다.

"군중의 도덕성을 좌우하는 결정적인 요인이 무엇인지는 아직 밝혀지지 않았다. 흥미로운 사실은, 군중을 이루는 개개인의 도덕적 수준과 별개로 특정한 윤리적 파동이 현장에서 발생된다는 것이다. 어떤 군중은 상점의 약탈과 살인, 강간을 서슴지 않으며, 어떤 군중은 개인이었다면 다다르기 어려웠을 이타성과 용기를 획득한다. 후자의 개인들이 특별히 숭고했다기보다는 인간이 근본적으로 지닌 숭고함이 군중의 힘을 빌려 발현된 것이며, 전자의 개인들이 특별히 야만적이었던 것이 아니라 인간의 근원적인 야만이 군중의 힘을 빌려 극대화된 것이라고 저자는 말한다. 그 다음 문단은 검열 때문에 온전히 책에 실리지 못했다. 그렇다면 우리에게 남는 질문은 이것이다. 인간은 무엇인가. 인간이 무엇이지 않기 위해 우리는 무엇을 해야 하는가."

나쁜 세상에 맞서는 역동은 존엄을 훼손하는 싸움이 아니라 존엄을 지키는 싸움이다. 혐오에 기대지 않는 싸움이다. 권력의 옹위를 위해 충성심과 결속을 이용하지 않는 싸움이다. 약자와 소수자를 배제하지 않는 싸움이다. 약자와 소수자, 시민과 시민, 당신과 내가 서로를 지키며 어깨를 기댄 싸움이다. 그렇게 이 싸움이 우리의 인간 됨을 담보한다고 믿는다.

에필로그

저 울음의 넓고 깊은 파문으로

이 책은 길게는 2012년 기획된 조사부터 오늘까지 연구와 경험을 포괄한다. 집필에는 2년여 시간이 걸렸다. 책을 쓰는 사이 정치적 격변이 대한민국을 뒤흔들고 지나갔다. 우리의 광장은 이전의 광장과 같고 또 달랐다. 광장을 쪼개 나눠 건너에서 터져 나오는 적의와 혐오, 폭력을 보면서 반인권에 맞서는 몸짓이 실은 얼마나 약한지 생각했다. 이 약함이 또 얼마나 웅장한지, 어떻게 기어이 이기는지 목격했다.

이 책의 프롤로그에 화력발전소 참사와 그 모친의 이야기를 적었다. 퇴고하는 동안 같은 화력발전소에서 같은 참사가 발생했다. 사람들은 끊임없이 목숨을 잃고, 집을 잃고, 가족을 잃고, 길을 잃었다. 나는 다시 우리가 매 순간 어떻게 지는지를 생각한다. 이기고 또 졌다. 계속 이기고 계속 질 것이다.

북극권 자원 활동 길에 마주쳤던 아이 하나를 떠올린다. 아이슬란드 어촌 마을 스티키스홀무르에 잠시 머물 때였다. 빙하로 이루어진 화산섬. 얼음과 불의 땅에서 돌멩이를 파는 소년을 만났다. 아이는 길 위에 흔해 빠진 돌멩이 중에 자신이 생각하기에 가장 예쁜 것을 오래 모았다가 동네 사람들에게 팔러 나온 길이었다. 얼마 되지 않아 아이를 둘러싸고 돌멩이를 사고 있는 어른들을 볼 수 있었다. 그 작은 마을의 사람들이 아이의 꿈을 응원하는 방식이었다. 흔해 빠진 돌멩이가 우스워 보일지라도, 돌멩이를 파는 일이 무용해 보일지라도 그 아이가 도착할 내일은 결코 허무하지 않았다.

  인권은 우리가 훗날 이룰 이상향 속에 존재하는 게 아니라 영원히 오지 않을 것 같은 세상을 부르는 목소리다. 믿고 꿈꾸며 허무를 이겨 손을 들고 발을 구르는 몸짓이다. 나쁜 세상과 싸움은 마침내 눈부신 승리가 있는 싸움이 아니라 지고 이기고 또 지며 앞으로 나아가는 싸움이다. 끊임없이 이길 것이다. 끊임없이 질 것이다. 지치지 않는 목소리와 몸짓으로 서로의 울음을 지우는 거리의 사람들에게 깊은 존경과 감사의 마음을 전한다. 당신이 아니라면 우리의 지금은 불가능했을 것이다.

  아울러, 내 얄팍한 책상머리 지식, 알량한 말과 글이 인권연구자들, 인권학자들의 해석에 반하지 않기를 바란다. 나는 그들을 통해 인권을 꿈꿀 수 있었다. 어긋나는 바가 있다면 오롯이 내 부족함 탓이다. 무엇보다 이 책의 주장이 혹여 길 위의 동지들에게 불편이 되지 않길 바란다. 그게 제일 두렵다. 따라서 이 점을 분명히 하고 싶다. 책 속의 이론, 담론과 현장의 이야기가 불일치하거나 맞설 때 언제나 현장의 목소리가 진실에 가깝다고 믿는다. 여기의 모든 말은 인권 현장에 힘을 보태기 위한 수단에 불과하다.

이 책의 내용에 약자와 소수자를 배제 혹은 차별하는 언어가 포함됐을 위험에 관해서도 사과하고 싶다. 분리 수용이라 썼던 표현을 지웠다. 검은 균형이라고 썼던 제목은 나쁜 균형으로 바꿨다. 다른 제목과 표현을 수없이 고쳤다. 거듭 읽으며 혹시 모를 실수를 경계했지만 여전히 많은 부분을 놓쳤을 것이다. 책을 쓰는 내내 과연 내게 인권의 역동에 관해 말할 자격이 있는가 고민했다. 나의 앎과 실천 사이에 거리는 까마득하게 멀었다. 이 표리부동도 함께 고백한다.

마지막으로 감사하고 싶은 사람들이 있다. 이 책은 영국과 스웨덴, 노르웨이 인권대학원에서 진행했던 연구를 기초로 구상하였다. 당시 자료 조사부터 기획, 토론, 검토에 이르기까지 함께 공부했던 동료 조 앤더슨의 지원이 미치지 않은 곳이 없다. 짧지 않은 시간이 지났지만 이 책의 밑바탕에 그의 도움이 있음은 변하지 않을 것이다. 소수자 인권단체의 구성원들은 주저 없이 한국의 소수자 집단적 정체성 정량 조사에 참여해 주었다. 그 분석이 또한 이 책의 근간이 되었다. 오래 인사를 전하지 못했지만 활동을 응원하는 마음은 변함없이 간직하고 있다. 수오서재 황은희 대표, 최민화 편집자에게도 인사를 전하고 싶다. 인권서 출간을 먼저 제안해 주셨다. 원고 마감을 미루는 연락을 드릴 때마다 도리어 따뜻한 응원을 돌려주셨고, 부족한 문장을 세심히 닦아 윤기를 주셨다. 인권연구소, 인권위원회, 인권연대체, 인권교육 현장에서 인연을 맺고 고민을 나눴던 동료들에게는 고맙다는 말만으로는 부족할지 모르겠다. 공감과 논쟁을 통해 서로의 젖줄이 된 시간은 놀랍고 귀했다. 특히 인권정책연구소 김형완 소장님은 내게 인권의 해석에 있어 이정표 같은 분이다. 인권에 대한 그의 이해, 주장을 등대 삼아 천방지축 나의 여정이 그나마 길을 덜 잃을 수 있었다.

더하여 추천사를 허락해 주신 조효제, 홍성수 교수님, 이송희일 감독님께도 깊은 감사를 전한다. 나는 짙은 안개에 갇혀 있을 때마다 조효제 교수님의 말씀에 기대어 인권의 지평, 대지의 끝과 하늘을 가늠했다. 혐오에 관한 홍성수 교수님의 통찰은 언제나 반인권 기제를 분별하고 해석하는 기준이 되었다. 삶과 사회에 대한 이송희일 감독님의 날카로운 직관을 흠모하고 흉내 내며 짧지 않은 글쓰기 여정을 마칠 수 있었다.

끝으로 가장 뜨거운 인사는 나의 어머니께 남기고 싶다. 인권을 공부하러 몇 년여 한국을 떠날 때 어머니는 수술을 마치고 회복 중이었다. 그럼에도 나를 막거나 말리지 않았다. 지금은 하늘에 계시는 어머니의 덕으로 나는 어제를 살았고 오늘을 살고 있다. 내일도 그러할 것이다.

미주

프롤로그

1   Stürmer, S. & Simon, B. 2004, "The role of collective identification in social movement participations: A panel study in the context of the German gay movement", Personality and Social Psychology Bulletin, 30(3), pp. 263-277.

1장. 무모하고 눈부신 싸움

2   기사의 취지가 일부 이 책이 지향하는 방향과 다르다고 해석될 여지가 있으나 세상을 바라보는 관점의 차이를 강조하기 위하여 인용하였다.
김지수, "가난, 혐오 뉴스에 속지마라, 세상은 더 좋아지고 있다, 사실이다", 〈조선일보〉, 2019.07.15.

3   김영하, 《퀴즈쇼》, 복복서가, 2022, 230쪽.

4   마이클 프리먼, 《인권 이론과 실천》, 김철효 옮김, 아르케, 2005, 18쪽, 162쪽.

5   조효제, 《인권의 지평》, 후마니타스, 2016, 11-13쪽, 39쪽.

6   마이클 프리먼, 《인권 이론과 실천》, 김철효 옮김, 아르케, 2005, 16-17쪽, 25쪽; 조효제, 《인권의 지평》, 후마니타스, 2016, 14-16쪽, 20쪽, 52-59쪽.

7   BBC, "스타벅스, '찢어진 눈' 그려진 컵 받은 고객에 1600만 원 배상", 〈BBC NEWS 코리아〉, 2021.01.20.

8   아마르티아 센, 《정의의 아이디어》, 지식의날개, 이규원 옮김, 2021, 10쪽.

9   나간채, 〈인권운동의 측면에서 본 5.18항쟁〉, 《지역사회연구》 12(1), 2004, 3-4쪽.

10 Santos, A.C. 2013, Social Movements and Sexual Citizenship in Southern Europe, Hampshire: Palgrave Macmillan, p. 20.

11 조효제, "세밑에 인간의 존엄을 다시 생각한다", 〈한겨레〉, 2018.12.25.

12 마이클 프리먼, 《인권 이론과 실천》, 김철효 옮김, 아르케, 2005, 20쪽.

13 조효제, "시베리아의 리코프 가족에겐 인권이 있었을까", 〈한겨레〉, 2013.06.25.

14 국가책무성은 인권의 특성이라기보다는 인권개념의 바탕, 본질에 해당한다.
인권정책연구소, 《인권 10강》, 2012, 22쪽, 41쪽, 48-49쪽, 159-161쪽; 국가인권위원회, 「「인권경영 표준 매뉴얼」 제작을 위한 연구」, 2017, 249쪽; 노을이·안채리·박수정, 《인권, 교육에 푹》, 에듀플랜북스, 2018, 105-107쪽, 119-123쪽.

15 인권의 실현을 위해 국가가 존재한다는 관점은 인권개념 이해의 밑바탕에 해당하며, 여기서 직접 인용한 책 외에도 인권에 관한 주요한 연구에서 공통적으로 관찰

된다.

노을이·안채리·박수정, 앞의 책, 2018, 119쪽.

16 편집부, "씁쓸한 인천국제공항공사 정규직화 논란, 무엇이 잘못됐나", 〈매일노동뉴스〉, 2020.06.26.

17 김선호, "인천공항지역지부, "공공기관 정규직 전환정책 역행 시도 중단하라!" 저지 투쟁 선포", 〈노동과 세계〉, 2024.11.22.

18 이슬기, "오이도역 20주기, 장애인이동권 부르짖다'", 〈에이블뉴스〉, 2021.01.22; 김진이, "장애인 운동의 나침반 '전장연의 17년'", 〈오마이뉴스〉, 2024.09.08; 박경석·정창조,《출근길 지하철》, 위즈덤하우스, 2024.

19 국회도서관,〈장애인 탈시설화: 한눈에 보기〉,《FACT BOOK》(97), 2022, 3쪽.

20 다만, 관련한 이 책의 서술이 당해 정치인의 발언 후에 현장 혼란이 가중됐다는 시간 순차적, 인과적 주장은 아님을 밝힌다.

하민지, "장애인들이 지하철 막아서 못 살겠다고 서울시청에 전화해 주세요", 〈비마이너〉, 2021.10.22; 박민식, "이준석, 전장연 지하철 시위 겨냥해 "장애인도 시간 지나면 탑승 제한 가능", 〈한국일보〉, 2022.03.25.

21 김형완, "비트겐슈타인과 개소리", 〈주간경향〉, 2017.07.18.

22 마이클 프리먼,《인권 이론과 실천》, 김철효 옮김, 아르케, 2005, 23쪽, 31쪽; 조효제,《인권의 지평》, 후마니타스, 2016, 311-323쪽.

23 오병선 외,《인권의 해설》, 국가인권위원회, 2011, 48쪽.

24 도덕성, 우선성, 초월성이 모든 가치나 규범에 우선한다는 의미는 아니라는 해석이 개인적 주장임을 밝힌다. 자칫 이 뜻이 인권보장을 지연하는 데 악용되어서는 안 된다는 우려도 함께 밝힌다.

마이클 프리먼,《인권 이론과 실천》, 김철효 옮김, 아르케, 2005, 92-97쪽.

25 오병선 외,《인권의 해설》, 국가인권위원회, 2011, 24쪽.

26 오병선 외, 앞의 책, 2011, 46-47쪽; 인권정책연구소,《인권 10강》, 2012, 35쪽, 194쪽.

27 박상길, "여성들, 집 밖서 목소리도 가려라'던 탈레반, 이번에는 '창문 설치 금지'", 〈디지털타임스〉, 2024.12.30.

28 이상엽, "[사진으로 본 세상] 50년 전 아프간의 여성들은 미니스커트를 입었다", 〈시사인〉, 2021.09.01.

29 인권이론이나 개념 연구에서 논쟁적인 부분은 왕왕 인권 자체를 공격하는 데 악용되어 왔음을 함께 밝힌다.

마이클 프리먼,《인권 이론과 실천》, 김철효 옮김, 아르케, 2005, 56-57쪽, 53-64쪽, 85-110쪽; 조효제,《인권의 지평》, 후마니타스, 2016, 37쪽.

30 인권정책연구소,《인권 10강》, 2012, 123-124쪽.

31 UN, 'Universal Declaration of Human Rights', 1948; 김희원, "[논담] 트랜스젠더 변호사 박한희 "남의 권리 빼앗아 내 권리 만들 수 없다"", 〈한국일보〉, 2020.02.20.

32 허현덕, "지하철 단차에 휠체어 바퀴 빠져 고꾸라지고… 장애인들 '차별구제소송' 제기", 〈비마이너〉, 2019.07.03.

33 당해 정의가 인권감수성을 너무 협소하게 해석한다는 개인적 의견을 함께 밝힌다. 국가인권위원회, 〈인권감수성 지표 개발 연구〉, 《국가인권위원회 2002년도 인권상황 실태조사 보고서》, 연구책임자: 문용린, 2002, 150쪽.

34 조효제, 《인권의 지평》, 후마니타스, 2016, 294-301쪽.

35 신형철, 《슬픔을 공부하는 슬픔》, 한겨레출판사, 2018, 291쪽; 허윤희, "나는 오늘도 타인의 슬픔을 공부한다, 두 번째 산문집 〈슬픔을 공부하는 슬픔〉 펴낸 신형철 문학평론가 인터뷰", 〈한겨레21〉, 2018.10.26.

36 인권정책연구소, 《인권 10강》, 2012, 119쪽.

37 사실 이 시기 독일의 사회적, 경제적, 정치적, 국제정세적 상황에 대한 연구는 상당히 많고 다양하다. 연구자의 배경과 관심에 따라 주목하는 바도 다르다. 여기서의 관점은 그중 일부에 집중하여 단순화하였음을 밝힌다.
데틀레프 포이케르트, 《나치 시대의 일상사》, 개마고원, 김학이 옮김, 2003; 이정훈, "나치의 장애인 학살을 위한 선전·선동", 〈에큐메니안〉, 2019.10.12; United-States Holocaust Memorial Museum, "Hitler Comes to Power" Holocaust Encyclopedia, https://encyclopedia.ushmm.org/content/en/article/hitler-comes-to-power, 2024.11.14.

38 한나 아렌트, 《예루살렘의 아이히만》, 김선욱 옮김, 한길사, 2006; 《전체주의의 기원》, 박민애·이진우 옮김, 한길사, 2006.

39 이동기, "아렌트는 아이히만에 속았다", 〈한겨레21〉, 2015.01.27.

40 국가인권위원회 정책교육국 인권교육기획과, 〈유엔 세계인권교육프로그램 행동계획〉, 《국가인권위원회 발간자료》, 2018(1), 2018, 7쪽.

41 이규진, 〈패럴림픽 경기를 활용한 체육 수업이 비장애고등학생의 장애수용태도 및 인권감수성에 미치는 영향〉, 《한국스포츠교육학회지》 25(3), 2018, 45-58쪽; 이규진·이용호 〈장애아동 체육교실 봉사활동 참여를 통한 비장애학생의 장애인 인식, 태도 및 장애인의 신체활동에 대한 의미 탐색: 사례연구〉, 《한국특수체육학회지》 23(3), 2015, 83-101쪽; 유향선·최현정, 〈유아 다문화인권교육 활동이 인권관련태도에 미치는 영향〉, 《열린유아교육연구》 19(2), 2014, 315-338쪽; 국가인권위원회 정책교육국 인권교육기획과, 〈유엔 세계인권교육프로그램 행동계획〉, 《국가인권위원회 발간자료》, 2018.

42 김경민, 〈대학 교양교육으로서의 인권 교육 - 문학을 통한 인권 교육의 가능성〉, 《교양교육연구》 14(4), 2020, 151-162쪽.

| 43 | 마이클 프리먼, 《인권 이론과 실천》, 김철효 옮김, 아르케, 2005, 82쪽, 177-178쪽.

2장. 우리란 누구인가

| 44 | 김중미, 《곁에 있다는 것》, 창비, 2021.
| 45 | 박경태, 《소수자와 한국사회》, 후마니타스, 2008; 이와마 아키코, 《마이너리티란 무엇인가》, 한울아카데미, 유효정 엮음, 박은미 옮김, 2012; 주유선·김기태·김보미, 〈사회적 소수자에 대한 한국인의 인식 연구〉, 《한국보건사회연구원》, 2019.
| 46 | Crenshaw, K. 1989, "Demarginalizing the Intersection of Race and Sex: A Black Feminist Critique of Antidiscrimination Doctrine, Feminist Theory and Antiracist Politics," University of Chicago Legal Forum, 1989(1), Article 8, p.139.
| 47 | 이주와 인권연구소·이주민과 함께, 〈장애와 국적, 이중의 차별을 넘어〉, 《장애인 이주민 실태조사 결과 보고》, 2023.
| 48 | 한국농인LGBT+, "2023 실태조사 보고서(농인성소수자와의 대화를 제안하다)", YouTube, 2024.02.27, 동영상, (youtube.com/watch?v=N1CD_oZSp2k).
| 49 | 박주연, "성소수자, '나이듦'을 이야기하다", 〈일다〉, 2023.09.18.
| 50 | 주유선·김기태·김보미, 〈사회적 소수자에 대한 한국인의 인식 연구〉, 《한국보건사회연구원》, 2019, 23-24쪽.
| 51 | International Covenant on Civil and Political Rights, 1966; Declaration on the Rights of Persons Belonging to National or Ethnic, Religious and Linguistic Minorities, 1992.
| 52 | 주유선·김기태·김보미, 〈사회적 소수자에 대한 한국인의 인식 연구〉, 《한국보건사회연구원》, 2019, 24쪽.
| 53 | 홍미화, 〈예비교사의 사회과 수업구성에 나타난 소수자 탐색〉, 《법과인권교육연구》 7(2), 2014, 133-153쪽.
| 54 | 전영평, 〈소수자의 정체성, 유형, 그리고 소수자 정책 연구 관점〉, 《정부학연구》 13(2), 2007, 110쪽.
| 55 | 박상규, ""쌀 사먹게 2만 원만…" 22살 청년 간병인의 비극적 살인", 〈프레시안〉, 2021.11.03.
| 56 | 박수빈·안치용·신다임, ""미안, 먼저 가" 그 학교 학생들은 왜 스스로 목숨 끊었나, [청죽통한사 29] 강제된 죽음, 20대 자살 관념의 재구성", 〈오마이뉴스〉, 2021.05.16.
| 57 | 이학준·송복규, "고독사한 서른한살 청년의 원룸에는 이력서 150개가 있었다", 〈조선비즈〉, 2021.07.22.
| 58 | 통계청 국가통계연구원, 《국민 삶의 질 2024》, 2025.

59	최혜정, "세월호 세대 "국가가 나를 지켜줄 것" 7.7%뿐", 〈한겨레〉, 2014.08.20.
60	조효제, 《인권의 지평》, 후마니타스, 2016, 85쪽.
61	마이클 프리먼, 《인권 이론과 실천》, 김철효 옮김, 아르케, 2005, 109쪽.
62	제이크 슈레이어, 〈썬더볼츠〉, 월트디즈니 컴퍼니 코리아, 2025.

3장. 다채롭게 나쁜 세상

63	천관율, "혐오, 선을 넘다", 〈시사인〉, 2020.02.24.
64	최현철, 〈혐오, 그 분석과 철학적 소고〉, 《철학탐구》 46, 2017, 176쪽, 180쪽.
65	Paul Rozin et al. 1997, "Body, Psyche, and Culture: The Relationship between Disgust and Morality", Psychology and Developing Societies 9(1), pp. 108-112; 마사 C. 누스바움, 《혐오와 수치심》, 조계원 옮김, 민음사, 2015, 166-170쪽; 《혐오에서 인류애로》, 강동혁 옮김, 뿌리와이파리, 2016, 54쪽.
66	혐오가 본능인지가 모호하다고 결론 났다는 의미가 아니다. 사회학, 심리학, 인류학, 인권학 등 서로 다른 연구 영역에서 어떤 관점이나 기준으로 혐오를 규정하느냐에 따라 주장이 다르다는 뜻이다. 김용태, 〈사회-심리적 특성으로서 수치심의 이해와 해결〉, 《상담학연구》 11(1), 2010, 62쪽; 마사 누스바움, 앞의 책, 2015, 178쪽; 최현철, 〈혐오, 그 분석과 철학적 소고〉, 《철학탐구》 46, 2017, 179쪽; 폴 블룸, 《선악의 기원》, 최재천·김수진 옮김, 21세기북스, 2024, 208쪽.
67	당해 논문에서 로진은 실제로 병에 들어 있던 게 배설물이었는지 치즈였는지는 밝히지 않는다. Rozin, P. & Fallon, A. E. 1987, "A perspective on disgust", Psychological Review, 94(1), p24.
68	최현철, 〈혐오, 그 분석과 철학적 소고〉, 《철학탐구》 46, 2017, 189-190쪽.
69	마사 C. 누스바움, 《혐오와 수치심》, 조계원 옮김, 민음사, 2015.
70	마사 C. 누스바움, 앞의 책, 2015, 191쪽; 《혐오에서 인류애로》, 강동혁 옮김, 뿌리와이파리, 2016, 54-61쪽; 최현철, 〈혐오, 그 분석과 철학적 소고〉, 《철학탐구》 46, 2017, 179-180쪽.
71	이정은, "코로나19를 '부머 리무버'라고 조롱하는 미국 10대들", 〈한국일보〉, 2020.03.15); 안희경, "7인의 석학에게 미래를 묻다: ③마사 누스바움 "코로나가 드러낸 편견과 혐오? 그 둘은 한 번도 숨겨진 적이 없다"", 〈경향신문〉, 2020.06.02.
72	천영준, "이태원발 코로나19 검사자 에이즈환자 소문 '뒤숭숭'… 충북도 "확인 안 돼"", 〈뉴시스〉, 2020.05.14; 주영민, ""성소수자 차별하는 언론 규탄" 릴레이 기자회견", 〈오마이뉴스〉, 2020.05.30.

73 마사 C. 누스바움, 《혐오와 수치심》, 조계원 옮김, 민음사, 2015; 《혐오에서 인류애로》, 강동혁 옮김, 뿌리와이파리, 2016.

74 혐오 표현이라 부를 때 '혐오'라는 말 때문에 표현의 수위가 낮으면 해당되지 않는 것으로 오해하는 경우가 많다. 하지만 '혐오'라는 말은 약자와 소수자에 대한 고정관념 표현을 포함하여, 포괄하여 대응하기 위해 의도적으로 선택된 용어다. 따라서 혐오 표현의 기준에 해당된다면 표현의 수위나 정도에 무관하게 혐오 표현이 된다. 관련하여 홍성수 교수, 국가인권위원회의 여러 연구와 해석을 참조하였다.
홍성수, 《말이 칼이 될 때》, 어크로스, 2018, 30쪽, 43쪽.

75 이점에 대한 오해가 크다. 부정적인 생각이나 마음을 드러낸다고 모두 혐오 표현이 되지는 않는다. 개인의 자발적인 선택이 아닌 속성, 정체성을 이루는 속성, 인격적 훼손 없이는 바꾸기 힘든 속성을 근거로 할 때 혐오 표현에 해당한다. 달리 말해 그것이 약자와 소수자를 향해 있을 때 인권에서 말하는 혐오 표현에 해당한다는 뜻이다. 남성, 기독교 등 권력적 위계에서 사회 주류나 기득권을 이룬 집단 혹은 그 성원에 대한 비난이나 부정적인 언사가 비인권적 표현, 반인권적 표현, 문제적 표현이 될지언정 엄격히 말해 혐오 표현이라 보기는 어렵다.
홍성수, 앞의 책, 2018, 34쪽, 43쪽: 국가인권위원회 혐오차별대응기획단, 《혐오 표현 리포트 Hate Speech》, 국가인권위원회, 2019, 10-14쪽, 17쪽.

76 시로, "'인생은 아름다워' 보면 게이가 된다?", 〈일다〉, 2010.10.05; 이주연, "'게이 아들 에이즈 걸려 죽으면.'은 동성애 혐오 광고", 〈오마이뉴스〉, 2010.10.06.

77 이성현, "119개 시민 및 학부모단체, 티빙 드라마 '대도시의 사랑법' 방영 반대", 〈한국기독저널〉, 2024.10.15.

78 성소수자차별반대 무지개행동, 〈성소수자 인권운동의 새로운 지평을 꿈꾸며〉, 《2008 LGBT 인권포럼 자료집》, 2008, 17쪽.

79 이경남, "동성애, 마땅히 금해야", 〈한국기독공보〉, 2017.06.15; 조영길, "동성애 엄금했던 성경 시대와 현대는 과연 다른가", 〈국민일보〉, 2020.09.18; 채승옥, "한국가족보건협회, 선한목자교회 5월 가정부흥회 '성경적 성교육' 진행", 〈노컷뉴스〉, 2024.05.29.

80 조효제, "인권에 대한 공격, 어떻게 막을까", 〈한겨레〉, 2019.12.10.

81 성소수자차별반대 무지개행동, 〈성소수자 인권운동의 새로운 지평을 꿈꾸며〉, 《2008 LGBT 인권포럼 자료집》, 2008, 17쪽; 민주사회를 위한 변호사 모임, 〈2012 한국인권보고서〉, 2012, 286-288쪽; 민주사회를 위한 변호사 모임, 〈2024 한국인권보고서〉, 2024, 408-410쪽.

82 Farrior, S. 2009, "Human rights advocacy on gender issues: Challenges and opportunities", Journal of Human Rights Practice, 1(1), p. 84.

83 마이클 프리먼, 《인권 이론과 실천》, 김철효 옮김, 아르케, 2005, 147-148쪽.

84　Freeman Michael. 2011, Human rights: An interdisciplinary approach, Cambridge: Polity, p. 109.
85　마이클 프리먼,《인권 이론과 실천》, 김철효 옮김, 아르케, 2005, 147쪽; 조효제, 앞의 책, 2016, 273-274쪽.
86　Lamb Michele. 2010, "Loyalty and human rights: Liminality and social action in a divided society", The International Journal of Human Rights, 14(6), p. 1002.
87　조효제,《인권의 지평》, 후마니타스, 2016, 127-135쪽.
88　Lamb Michele. 2010, "Loyalty and human rights: Liminality and social action in a divided society", The International Journal of Human Rights, 14(6), pp. 99-1000.
89　이보라, ""사람에 충성하지 않는다"던 윤석열…"사람을 쓸 때 가장 중요한 건 충성심"",〈경향신문〉, 2025.04.10.
90　Lamb Michele. 2010, "Loyalty and human rights: Liminality and social action in a divided society", The International Journal of Human Rights, 14(6), pp. 999-1000.
91　조효제,《인권의 지평》, 후마니타스, 2016, 265쪽, 290쪽.
92　천관율, "혐오, 선을 넘다",〈시사인〉, 2020.02.24.
93　김희원, "[논담] 트랜스젠더 변호사 박한희 "남의 권리 빼앗아 내 권리 만들 수 없다"",〈한국일보〉, 2020.2.20.
94　마사 C. 누스바움,《혐오와 수치심》, 조계원 옮김, 민음사, 2015, 144-149쪽, 159쪽, 273쪽; 천관율, "혐오, 선을 넘다",〈시사인〉, 2020.02.24.
95　조효제,《인권의 지평》, 후마니타스, 2016, 246-247쪽; 마사 누스바움,《혐오에서 인류애로》, 강동혁 옮김, 뿌리와이파리, 2016, 61쪽.
96　최현철,〈혐오, 그 분석과 철학적 소고〉,《철학탐구》46, 2017, 191쪽.
97　윤현, ""조선인 40여 명 모조리 살해" 간토대지진 학살 새 공문서 발견",〈오마이뉴스〉, 2023.12.25.
98　안희경, "7인의 석학에게 미래를 묻다 ③마사 누스바움 "코로나가 드러낸 편견과 혐오? 그 둘은 한 번도 숨겨진 적이 없다"",〈경향신문〉, 2020.06.02.
99　안희경, 앞의 글, 2020.06.02.
100　마이클 프리먼,《인권 이론과 실천》, 김철효 옮김, 아르케, 2005, 128-129쪽.
101　홍성수,《말이 칼이 될 때》, 어크로스, 2018, 227쪽.
102　홍성수, 앞의 책, 2018, 226쪽; 국가인권위원회 혐오차별대응기획단,《혐오 표현 리포트 Hate Speech》, 국가인권위원회, 2019, 15쪽.
103　Lamb Michele. 2010, "Loyalty and human rights: Liminality and social action in a divided society", The International Journal of Human Rights, 14(6), p. 996;

Bernstein Mary, 2003, "Nothing ventured, nothing gained? Conceptualizing social movement 'Success' in the lesbian and gay movement", Sociological Perspectives, 46(3), pp. 353 – 354; Poindexter Cynthia Cannon, 1997, "Sociopolitical antecedents to Stonewall: Analysis of the origins of the gay rights movement in the United States", Social Work, 42(6), pp. 610 – 611.

104 김성탁, "왕 앞에 몸 던진 여성 참정권 운동, 100년 지나 '미투'로", 〈중앙일보〉, 2018.02.09; 중앙선거관리위원회, "역사로 살펴보는 선거권 이야기", 2017.05.01; 몽당연필, "조선학교와 재일동포: 차별의 역사", 2025.6.8; 중앙선거관리위원회, "역사로 살펴보는 선거권 이야기", 2017.5.1; 이상현, 〈양심적 병역거부에 대한 헌법재판소의 비범죄화 결정과 적절한 대체복무법제의 설계〉, 《법학논총》 42, 2018, 55-84쪽; 박주연, "시급한 과제는 '임신중지 비범죄화' '다양한 가족구성권'", 〈일다〉, 2020.04.12; 정리나, "싱가포르 男-男 성관계 비범죄화…동성혼엔 "남녀결혼이 핵심제도"", 〈아시아투데이〉, 2022.11.30; 유현민, "나미비아 법원 "남성간 성관계 범죄화는 위헌"", 〈연합뉴스〉, 2024.6.21.

105 남수경, "2018년의 전태일, 이주노동자", 〈뉴스민〉, 2018.11.12; 정영섭, "잘못된 법제도가 양산하는 미등록 이주민, 이제는 체류자격 부여 정책 실시해야", 〈노동과 세계〉, 2024.12.04.

106 이하늬, "엄마는 감옥에 있습니다", 〈경향신문〉, 2020.05.23.

107 박지원·문성호, 〈학교 밖 청소년의 사회적 낙인이 자아존중감을 매개로 진로장벽에 미치는 영향: 부모애착의 조절된 매개효과〉, 《청소년문화포럼》 63, 2020, 9쪽.

108 주유선·김기태·김보미, 〈사회적 소수자에 대한 한국인의 인식 연구〉, 《한국보건사회연구원》, 2019, 34-36쪽.

109 〈성적지향·성별정체성에 따른 차별 실태조사〉, 국가인권위원회 2014년도 인권상황 실태조사 보고서, 연구책임자: 장서연, 2015, 46-47쪽; 박지원·문성호, 〈학교 밖 청소년의 사회적 낙인이 자아존중감을 매개로 진로장벽에 미치는 영향: 부모애착의 조절된 매개효과〉, 《청소년문화포럼》 63, 2020, 9-10쪽; 김진경, "아시아에 대한 혐오 강물처럼 흘러넘치다", 〈시사인〉, 2020.02.25.

110 이유지, "용인 66번 확진자 동선 공개로 불똥 맞은 성 소수자 "이래서 검사 받겠나"", 〈한국일보〉, 2020.05.07; 김영은, "'이태원 클럽' 보도, 혐오 부추긴 언론의 낙인찍기", 〈오마이뉴스〉, 2020.05.09.

111 조효제, 《인권의 지평》, 후마니타스, 2016, 89쪽; 김명희, "''가난의 자격'을 묻지 말라", 〈시사인〉, 2019.12.28.

112 문동규, 〈하이데거의 존재사유에서 언어의 문제〉, 《범한철학》 25(0), 2002, 85-108쪽.

113 김진경, "아시아에 대한 혐오 강물처럼 흘러넘치다", 〈시사인〉, 2020.02.25.

114　남보라, "'커밍아웃'이란 말, 함부로 쓰지 마세요… "인권운동 훼손"", 〈한국일보〉, 2020.11.01.

115　김미현, "장애인을 배제하는 언어인가요", 〈이대학보〉, 2018.05.29.

116　김희량, "'아줌마 출입 금지'… 외신도 주목한 한국 헬스장 차별 논란, 뭐길래?", 〈헤럴드경제〉, 2024.6.15.

117　왕보경, 박효령, ""특별히 남자 기사 배차를 요청한 오더입니다"… 성차별에 생계 위협받는 여성들", 〈투데이신문〉, 2024.08.26; 이재, "대리운전업계 '알아서 콜차별', 여성기사 생계 위협", 〈매일노동뉴스〉, 2023.12.08.

118　김성아, "혐오와 차별의 방아쇠, 그를 잠그는 과학과 인권", 〈영남일보〉, 2021.03.30.

119　김치관, ""조선학교에 대한 일본정부의 차별정책이 중단될 때까지…"", 〈통일뉴스〉, 2024.12.13.

120　송화선, "정신과전문의 정혜신의 '대한민국' 비판", 〈신동아〉, 2011.07.19.

121　황혜인·김연희·이희선, 〈사회적 배제가 삶의 만족도에 미치는 영향 및 임파워먼트의 매개효과분석〉, 《한국공공관리학보》 32(2), 2018, 107-108쪽.

122　홍성수, "동성 커플에게 케이크를 안 판다면?", 〈시사인〉, 2020.08.08.

123　안희경, 앞의 기사, 〈경향신문〉, 2020.06.02.

124　조정훈, "대구 북구 이슬람사원 건축 현장에 돼지머리, 혐오 조장 논란", 〈오마이뉴스〉, 2022.11.02.

125　당해 방송인을 추방하자는 주장이 나오기까지 관련 논란 외에 다른 문제들이 함께 부각 됐음을 밝힌다. 그러나 이 역시 혐오, 차별, 게토의 맥락 위에 있다고 저자는 판단한다.
　　심윤지, ""블랙페이스 논란, 경솔했다" 샘 오취리는 사과해야 했을까", 〈경향신문〉, 2020.08.09; 박현정, "미세먼지만큼 해로운, 무심코 내뱉는 미세 차별", 〈한겨레21〉, 2020.10.03.

126　Bong, Y. D. 2008, "The gay rights movement in democratizing Korea", Korean Studies, 32(1), p. 98.

127　Bong, Y. D. 2008, 앞의 논문, pp. 97-98; Israr Kasana, "The dangers of self-ghettoization", 〈CBC〉, 2018.10.17; Mitchell, D. 2023, "Social justice and the city and the problem of status quo theory", Scottish Geographical Journal, 139(3-4), pp. 397-403.

128　Bong, Y. D. 2008, 앞의 논문, 32(1), p. 98.

129　국가인권위원회, 〈국가인권정책기본계획 수립을 위한 성적소수자 인권 기초현황 조사〉, 국가인권위원회 2005년도 인권상황 실태조사 연구용역보고서, 연구책임자: 조여울, 2005, 21쪽, 25쪽, 219쪽.

130 국회도서관, 〈장애인 탈시설화: 한눈에 보기〉, 《FACT BOOK》 (97), 2022, 42쪽.

131 이초엽, "투박하게, 쿨하지 않게 장애인으로 살기", 〈시사인〉, 2019.07.03.

132 이초엽, 앞의 글, 〈시사인〉, 2019.07.03.

133 Santos, A.C. 2013, Social movements and sexual citizenship in southern Europe, Hampshire: Palgrave Macmillan, p. 7.

134 문화체육관광부, 〈2024 문화다양성 실태조사 일반국민 통계보고서〉, 2024, 55쪽.

135 한국콘텐츠진흥원, 〈장애인의 방송영상콘텐츠 출연확대 방안 연구〉, 《한국콘텐츠진흥원 장애인의 방송영상콘텐츠 출연 확대 방안 연구의 결과보고서》, 연구책임자: 반옥숙, 2023.

136 비등록 장애인을 정확히 추산한 통계를 찾아보기는 어려웠다. 언론 보도 등에서 나타난 추산 중 일부임을 밝힌다.
엄민용, "중복·낭비 장애인 복지, 장애인지원청 설립이 답이다", 〈스포츠경향〉, 2020.01.18; 국회도서관, 〈장애인 탈시설화: 한눈에 보기〉, 《FACT BOOK》 (97), 2022, 39쪽.

137 김소영, "드러나지 않거나, 드러나지 않게 하거나", 〈더인디고〉, 2021.02.26.

138 입소자의 자발성, 비자발성에 대한 정확한 조사는 최중증 장애인 등 대상의 특성상 어려운 측면이 있음을 함께 밝힌다.
차한선, "장애와 탈시설 1_장애인은 왜 시설에 갇혀 살아야 하는가?", 국제전략센터, 2022.02.21.

139 김지혜, "탈시설 운동은 '없애는 것' 넘어 '만드는 것'", 〈비마이너〉, 2019.04.03.

140 김지혜, 앞의 기사, 〈비마이너〉, 2019.04.03.

141 국회도서관, 〈장애인 탈시설화: 한눈에 보기〉, 《FACT BOOK》 (97), 2022, 155쪽.

4장. 나쁜 세상을 균열 내는 몸짓들

142 김정진, 〈사회적 소수자를 위한 임파워먼트 실천 교육 방향 모색〉, 《한국사회복지교육》 15, 2011, 146쪽.

143 국회도서관, 〈장애인 탈시설화: 한눈에 보기〉, 《FACT BOOK》 (97), 2022.

144 김종목, "천주교 "탈시설화 미명 장애인 궁지 내몰아"… 장애계, 탈시설 권리 위한 수요 미사 개최", 〈경향신문〉, 2021.10.06.

145 "김종목, 앞의 기사, 〈경향신문〉, 2021.10.06; 하민지, "천주교, 장애계와의 간담회 파기… 고공농성 장기화 위기", 〈비마이너〉, 2025.04.26; 안영춘, "탈시설 운동가들이 성당 종탑에 오른 까닭", 〈한겨레21〉, 2025.04.26; 이상원, "'교회의 가르침과 다른 길' 장애인 자립 막는 천주교 향한 저항", 〈뉴스민〉, 2025.05.01.

146 국회도서관, 〈장애인 탈시설화: 한눈에 보기〉, 《FACT BOOK》 (97), 2022, 4쪽.

159쪽; 배융호, "장애인 탈시설에 대한 사회적 합의가 필요하다", 〈프레시안〉, 2025.04.11.

147 이명희, "당사자주의는 독일에서 어떻게 실현되는가?", 〈함께걸음〉, 2019.03.07.

148 차한선, "장애와 탈시설 1_장애인은 왜 시설에 갇혀 살아야 하는가?", 국제전략센터, 2022.02.21.

149 국회도서관, 〈장애인 탈시설화: 한눈에 보기〉, 《FACT BOOK》 (97), 2022, 157쪽, 160쪽.

150 국회도서관, 앞의 책, 2022, 7쪽, 22쪽.

151 국회도서관, 앞의 책, 2022, 24쪽

152 차한선, "장애와 탈시설 1_장애인은 왜 시설에 갇혀 살아야 하는가?", 국제전략센터, 2022.02.21.

153 배시은, ""아이가 '보통의 삶'을 살 수 있게" 오체투지 나선 발달장애인 부모들", 〈경향신문〉, 2023.12.07; 이슬기, "'빈곤'과 '장애', 복지 사각지대 속 비극 이제 끊읍시다", 〈에이블뉴스〉, 2025.02.25.

154 국회도서관, 〈장애인 탈시설화: 한눈에 보기〉, 《FACT BOOK》 (97), 2022, 158쪽, 263쪽.

155 Plummer, K. 2006, "Rights work: Constructing lesbian, gay and sexual rights in late modern times", In Morris, L. Rights: sociological perspectives, New York: Routledge, p. 152.

156 Plummer, K. 2006, 앞의 논문.

157 Plummer, K. 2006, 앞의 논문, p. 157; Santos, A.C. 2013, Social movements and sexual citizenship in southern Europe, Hampshire: Palgrave Macmillan, p. 24..

158 애니 황, "대만, 아시아 최초로 동성결혼 법제화", 〈국제엠네스티〉, 2014.05.24.

159 Santos, A.C. 2013, Social movements and sexual citizenship in southern Europe, Hampshire: Palgrave Macmillan, p. 24; 빌리, "미국의 HIV/AIDS 운동의 주춧돌, ACT UP", 〈행성인웹진〉, 2017.11.01.

160 김민주, "아이돌 커밍아웃에…'선배' 홍석천 "25년 전 다 죽으라 했다, 버텨내길"", 〈매일경제〉, 2025.04.26.

161 민주사회를 위한 변호사 모임, 〈2024 한국인권보고서〉, 2024, 409-410쪽; 〈성적지향 성별정체성에 따른 차별 실태조사〉, 국가인권위원회 2014년도 인권상황 실태조사 보고서, 연구책임자: 장서연, 2015, 19-23쪽, 167쪽, 173쪽, 183-186쪽.

162 〈국가인권정책기본계획 수립을 위한 성적소수자 인권 기초현황조사〉, 국가인권위원회 2005년도 인권상황 실태조사 연구용역보고서, 연구책임자: 조여울, 2005, 129쪽.

163 Price, A.Y. 2010, "The transformative promise of queer politics", Tikkun, 25(4),

pp. 53-54.

164 ACTIVATE LEARNING, "A proud journey – the history of the Pride movement in the UK", https://www.activatelearning.ac.uk/news/a-proud-journey-the-history-of-the-pride-movement-in-the-uk/, Accessed on [2025.6.11]; WorldAtlas, "The Gay And LGBT Pride Movement", https://www.worldatlas.com/articles/the-gay-and-lgbt-pride-movement.html, Accessed on [2025.6.11].

165 민주사회를 위한 변호사 모임, 〈2023 한국인권보고서〉, 2023, 26-27쪽, 529-531쪽; 민주사회를 위한 변호사 모임, 〈2024 한국인권보고서〉, 2024, 414-415쪽.

166 김소영, "드러나지 않거나, 드러나지 않게 하거나", 〈더인디고〉, 2021.02.26.

167 주영재, "성소수자 상징 '무지개 깃발' 만든 예술가 길버트 베이커 별세", 〈경향신문〉, 2017.04.01; 올댓아트, "퀴어의 상징, 무지개 색이 6개인 이유는?", 2017.07.20((https://blog.naver.com/allhat_art/221055821246); 진달래, "무지개 깃발 든 스님들 "성소수자는 평등하고 존엄한 존재"", 〈불교신문〉, 2024.05.19; 김예리, ""차별·고통 응어리들 만났다" 금속노조의 무지개 깃발이 날린다", 〈미디어오늘〉, 2025.01.14; 임은경, "차별받는 소수자들이 세상을 바꿀 거예요", 〈프레시안〉, 2025.06.07.

168 김소영, "드러나지 않거나, 드러나지 않게 하거나", 〈더인디고〉, 2021.02.26.

169 박윤경, "인권감수성 높인 '코로나의 역설'…88%가 "차별금지법 찬성"", 〈한겨레〉, 2020.06.23.

170 장슬기·신하은, "차별금지법, 왜 개별법이 아니라 포괄적이어야 하나", 〈미디어오늘〉, 2020.07.20; 민주사회를 위한 변호사 모임, 〈2024 한국인권보고서〉, 2024, 410-412쪽; 차별금지법제정연대, "차별금지법 10문 10답", Accessed on [2025.6.8], (https://equalityact.kr/faq/).

171 조효제, 《인권의 지평》, 후마니타스, 2016, 245쪽.

172 황혜인·김연희·이희선, 〈사회적 배제가 삶의 만족도에 미치는 영향 및 임파워먼트의 매개효과분석〉, 《한국공공관리학보》 32(2), 2018, 110쪽.

173 황혜인·김연희·이희선, 앞의 논문, 2018, 110쪽; Gutiérrez, L. M. 1990, "Working with Women of Color: An Empowerment Perspective", Social Work 35(2), pp. 149-150, p.152.

174 이명희, "당사자주의는 독일에서 어떻게 실현되는가?", 〈함께걸음〉, 2019.03.07.

5장. 대체 무슨 힘으로 모이는가

175 Stürmer, S. & Simon, B. 2004, "The role of collective identification in social movement participations: A panel study in the context of the German gay move-

ment", Personality and Social Psychology Bulletin, 30(3), p. 263.

176　Simon, B., Loewy, M., Stürmer, S., Weber, U., Freytag, P., Habig, C., Kampmeier, C., & Spahlinger, P. 1998, "Collective identification and social movement participation", Journal of Personality and Social Psychology, 74(3), pp. 646–658.

177　Klandermans, B. 1997, The social psychology of protest, Oxford: Blackwell; Van Stekelenburg, J. & Klandermans, B. 2013, "The social psychology of protest", Current Sociology, 61(5-6), pp.886-905.

178　Simon, B., Loewy, M., Stürmer, S., Weber, U., Freytag, P., Habig, C., Kampmeier, C., & Spahlinger, P. 1998, "Collective identification and social movement participation", Journal of Personality and Social Psychology, 74(3), p. 647; Stürmer, S. & Simon, B. 2004, "The role of collective identification in social movement participations: A panel study in the context of the German gay movement", Personality and Social Psychology Bulletin, 30(3), p. 264.

179　이예슬, "36주 임신중지 영상' 올린 유튜버·수술 의사 '살인 혐의' 입건", 〈경향신문〉, 2024.08.12; 배정원, "'임신 36주 낙태' 비극의 책임은 국회와 정부에 있다", 〈시사저널〉, 2024.08.17.

180　사실 사회운동이론의 큰 틀에서는 각 집단적 동기, 보상적 동기, 규범적 동기 모두 한 개인에게 어떤 '보상'으로 다가오느냐 관점에서 해석될 수 있다. 분노의 표출이나 해결부터 사회적 변화, 개인적 혜택, 중요한 타자의 반응까지 크게는 개인에게 작용하는 다양한 보상의 영역에 해당하기 때문이다.
Simon, B., Loewy, M., Stürmer, S., Weber, U., Freytag, P., Habig, C., Kampmeier, C., & Spahlinger, P. 1998, "Collective identification and social movement participation", Journal of Personality and Social Psychology, 74(3) p. 647; Stürmer, S. & Simon, B. 2004, "The role of collective identification in social movement participations: A panel study in the context of the German gay movement", Personality and Social Psychology Bulletin, 30(3), p. 264.

181　Stürmer, S. & Simon, B. 2004, 앞의 논문, p. 264, p. 275.

182　연합뉴스TV, "고(故) 이한열 열사 모친 '33번째 6월 10일에 보내는 편지", YouTube, 2020.06.10, 동영상, (https://www.youtube.com/watch?v=qcrD5aK-RrM).

183　Klandermans은 원래 '규범적 동기'라는 표현 대신에 '사회적 동기(Social Motive)'라는 용어를 썼다. 그러나 '사회적'이라는 말 때문에 다른 동기들을 마치 비사회적인 것으로 오해할 여지가 있어 '규범적 동기'라 부르는 게 더 적확하다는 연구자들(Stürmer, S. & Simon, B.)의 판단을 받아들여 이 책에서는 '규범적 동기'라는 용어를 사용한다.
Simon, B., Loewy, M., Stürmer, S., Weber, U., Freytag, P., Habig, C., Kampmei-

er, C., & Spahlinger, P. 1998, "Collective identification and social movement participation", Journal of Personality and Social Psychology, 74(3), p. 647, p. 655; Stürmer, S. & Simon, B. 2004, "The role of collective identification in social movement participations: A panel study in the context of the German gay movement", Personality and Social Psychology Bulletin, 30(3), p. 264, p. 276.

184 Andersen, S. M., Chen, S., & Miranda, R. 2002, "Significant Others and the Self", Self and Identity, 1(2), p.160; 네이버지식백과 교육학용어사전, "중요한 타자", Accessed on [2025.6.8], (https://terms.naver.com/entry.naver?docId=512283&cid=42126&categoryId=42126).

185 〈2021 청년 성소수자 사회적 욕구 및 실태 조사 결과보고서〉, 다양성을 향한 지속가능한 움직임, 다움, 연구책임자: 정성조, 2022, 35-36쪽.

186 Stürmer, S. & Simon, B. 2004, "The role of collective identification in social movement participations: A panel study in the context of the German gay movement", Personality and Social Psychology Bulletin, 30(3), p. 275.

187 Poindexter, C.C. 1997, "Sociopolitical antecedents to Stonewall: Analysis of the origins of the gay rights movement in the United States", Social Work, 42(6), p. 609.

188 Poindexter, C.C. 1997, 앞의 논문, p. 610.

189 Poindexter, C.C. 1997, 앞의 논문, pp. 609-610.

190 Poindexter는 스톤월 항쟁의 출현을 해석하기 위해 Morris의 새로운 인디지너스 모델을 기초로 접근하였다. Morris는 원래 현대 흑인 시민운동을 분석하기 위해 이 모델을 개발했지만, 미국의 현대 성소수자 인권운동의 출현을 설명하는데도 유효하다.
Morris, A. D. 1984, The Origins of the Civil Rights Movement: Black Communities Organizing for Change. New York: Free Press; Poindexter, C.C. 1997, 앞의 논문, pp. 607-615.

191 Hoggett, P. 2009, Politics, identity, and emotion, Boulder: Paradigm Publishers, pp. 38-39.

192 민노씨, "혐오와 침묵: 숙명여대 트랜스젠더 입학 논란에 관하여", 〈슬로우뉴스〉, 2020.02.07; 천관율, "혐오, 선을 넘다", 〈시사인〉, 2020.02.24.

193 Hoggett, P. 2009, Politics, identity, and emotion, Boulder: Paradigm Publishers, p. 85.

194 Stürmer, S. & Simon, B. 2004, "The role of collective identification in social movement participations: A panel study in the context of the German gay movement", Personality and Social Psychology Bulletin, 30(3), p. 275.

195   Hoggett, P. 2009, Politics, identity, and emotion, Boulder: Paradigm Publishers, p85.

196   원래 현대 혹인 시민운동을 해석하는 새로운 프레임으로 제시됐던 Morris의 인디지니어스 모델을 Poindexter는 확장하여 성소수자운동에 적용하였다. 이 과정에서 인디지니어스 구조(Structure), 인디지니어스 커뮤니티, 인디지니어스 기초(Base) 등의 표현을 사용하였다. 이 책에서는 개념을 보다 명확히 하기 위해 인디지니어스 네트워크라고 칭한다. 한편, 인디지니어스 네트워크를 우리말로 번역할 때 토착 네트워크, 자생 네트워크 외에도 '내적' 네트워크라 부를 수 있다.
Poindexter, C.C. 1997, "Sociopolitical antecedents to Stonewall: Analysis of the origins of the gay rights movement in the United States", Social Work, 42(6), pp. 610-611; Hoggett, P. 2009, 앞의 책, pp. 610-611, pp. 614-615.

6장. 이토록 강렬한 '나'들

197   김서영, "영국 대법원 "생물학적 여성만 평등법상 여성"…트랜스젠더 공동체 '우려'", 〈FLAT, 경향신문〉, 2025.04.17.

198   Capozza, D. & Brown, R. 2000, Social identity processes: Trends in theory and research, London: Sage Publications.

199   Ashmore, R.D., Deaux, K. & Mclaughlin-Volpe, T. 2004, "An organizing framework for collective identity: Articulation and significance of multidimensionality", Psychological Bulletin, 130(1), p. 82; Hoggett, P. 2009, Politics, identity, and emotion, Boulder: Paradigm Publishers, p. 27.

200   Simon, B. 1997, "Self and group in modern society: Ten theses on the individual self and the collective self", In SPEARS, R et al., eds., The social psychology of stereotyping and group life, Malden: Blackwell Publishing, p. 321; Hoggett, P. 2009, 앞의 책, p. 26; 고봉진, 〈현대 인권론에서 '정체성'의 의미〉, 《법철학연구》 14(1), 2010, 148-152쪽.

201   Simon, B. & Klandermans, B. 2001, "Politicized collective identity: A social psychological analysis", American Psychologist, 56(4) pp. 320-322.

202   Tajfel, H. 1972, "Experiments in a vacuum", In Israel, J. & Tajfel, H., eds., The context of social psychology: A critical assessment, London: Academic Press;
Brown, R., Condor, S., Mathews, A., Wade, G., & Williams, J. 1986, "Explaining intergroup differentiation in an industrial organization", Journal of Occupational Psychology, 59, pp. 273-286; Hinkle, S., Taylor, L. A., Fox-Cardamone, D. L., & Crook, K. F. 1989, "Intragroup identification and intergroup differentiation:

A multicomponent approach", British Journal of Social Psychology, 28, pp. 305-317; Ellemers, N., Kortekaas, P., & Ouwerkerk, J. W. 1999, "Self-categorisation, commitment to the group and group self-esteem as related but distinct aspects of social identity", European Journal of Social Psychology, 29, pp. 371-389; Jackson, J. W., & Smith, E. R. 1999, "Conceptualizing social identity: A new framework and evidence for the impact of different dimensions", Personality and Social Psychology Bulletin, 25, pp. 120-135; Ashmore, R.D., Deaux, K. & Mclaughlin-Volpe, T. 2004, "An organizing framework for collective identity: Articulation and significance of multidimensionality", Psychological Bulletin, 130(1), pp. 80-114.

203 Ashmore, R.D., Deaux, K. & Mclaughlin-Volpe, T. 2004, "An organizing framework for collective identity: Articulation and significance of multidimensionality", Psychological Bulletin, 130(1), pp. 80-114.

204 김소민, "천진난만함이 꼴 보기 싫어", 〈한겨레〉, 2020.07.24.

205 Ashmore, R.D., Deaux, K. & Mclaughlin-Volpe, T. 2004, "An organizing framework for collective identity: Articulation and significance of multidimensionality", Psychological Bulletin, 130(1), p. 84.

206 박수민, 안치용, 신다임, "'미안, 먼저 가' 그 학교 학생들은 왜 스스로 목숨 끊었나", 〈오마이뉴스〉, 2021.05.16; "사라진 성평등, 상처만 남았다…'반페미니즘' 윤석열 정부의 2년 반", 〈FLAT, 경향신문〉, 2025.03.07; 양가희, "韓 성별 임금 격차, OECD 평균의 2.6배…여성 93% '지속되면 저출생 심화'", 〈뉴스핌〉, 2025.03.07.

207 Ashmore, R.D., Deaux, K. & Mclaughlin-Volpe, T. 2004, "An organizing framework for collective identity: Articulation and significance of multidimensionality", Psychological Bulletin, 130(1), p. 84.

208 Ashmore, R.D., Deaux, K. & Mclaughlin-Volpe, T. 2004, 앞의 논문, p. 86.

209 Ashmore, R.D., Deaux, K. & Mclaughlin-Volpe, T. 2004, 앞의 논문, pp. 87-89.

210 이예다, "병역거부로 난민신청, 솔직히 무서웠다", 〈오마이뉴스〉, 2017.09.25.

211 Ashmore, R.D., Deaux, K. & Mclaughlin-Volpe, T. 2004, 앞의 논문, p. 92.

212 이동희, "청와대 도착한 김진숙 "해고 없는 세상은 오늘이 시작이다"", 〈참여와 혁신〉, 2021.02.07.

213 이용석, ""공공장소에서 여성 목소리 금지"… 탈레반식 원리주의", 〈한국무역신문〉, 2024.09.25.

214 Ashmore, R.D., Deaux, K. & Mclaughlin-Volpe, T. 2004, 앞의 논문, pp. 90-92.

215 Ashmore, R.D., Deaux, K. & Mclaughlin-Volpe, T. 2004, 앞의 논문, p. 94-97.

216 조효제, 《인권의 지평》, 후마니타스, 2016, 123쪽.

217　Ashmore, R.D., Deaux, K. & Mclaughlin-Volpe, T. 2004, 앞의 논문, p. 81, p. 103.
218　Simon, B. & Klandermans, B. 2001, "Politicized collective identity: A social psychological analysis", American Psychologist, 56(4), p. 321.
219　Stürmer, S. & Simon, B. 2004, "The role of collective identification in social movement participations: A panel study in the context of the German gay movement", Personality and Social Psychology Bulletin, 30(3), p. 264, p. 321.

7장. 더 좋은 싸움을 위하여

220　Fiveable, "9.3 Framing processes and collective identity formation – Interest Groups and Policy", Edited by Becky Bahr, https://library.fiveable.me/interest-groups-social-movements-and-public-policy/unit-9/framing-processes-collective-identity-formation/study-guide/CuH7BNGgnLUm0BBO, Accessed on [2025.6.5].
221　Simon, B. & Klandermans, B. 2001, "Politicized collective identity: A social psychological analysis", American Psychologist, 56(4), p. 320; Stürmer, S. & Simon, B. 2004, 앞의 논문, p. 273.
222　Stürmer, S. & Simon, B. 2004, 앞의 논문, p. 265; Fiveable, "9.3 Framing processes and collective identity formation – Interest Groups and Policy", Edited by Becky Bahr, 앞의 사이트.
223　Poindexter, C.C. 1997, "Sociopolitical antecedents to Stonewall: Analysis of the origins of the gay rights movement in the United States", Social Work, 42(6), pp. 607-615; Stürmer, S. & Simon, B. 2004, 앞의 논문, pp. 264-265, p. 276; Simon, B. & Klandermans, B. 2001, 앞의 논문, p. 328.
224　최인규, "청소년 노동인권교육 정규 교과 편성을", 〈인천일보〉, 2021.07.04.
225　신홍식, "시민주도형 양성평등 캠페인 '내 이름을 찾아줘' 참여 가구 모집", 〈화성신문〉, 2023.03.02.
226　Britannia, "African American literature", Written by William L. Andrews, https://www.britannica.com/art/African-American-literature, Accessed on [2025.6.14].
227　국제앰네스티 한국지부, "미워해도 소용없어", https://amnesty.or.kr/campaign/%EB%AF%B8%EC%9B%8C%ED%95%B4%EB%8F%84%EC%86%8C%EC%9A%A9%EC%97%86%EC%96%B4/, Accessed on [2025.06.14].
228　윤주영, "'장애와 춤' 신체통합무용, 역사와 선진국 사례", 〈에이블뉴스〉, 2017.07.14.

229 친구사이, chingusai.net/xe/main, Accessed on [2025.06.14].
230 아시아미디어컬쳐팩토리, facebook.com/groups/amcfactory/, Accessed on [2025.06.14].
231 Poindexter, C.C. 1997, "Sociopolitical antecedents to Stonewall: Analysis of the origins of the gay rights movement in the United States", Social Work, 42(6), p. 611.
232 마포의료복지사회적협동조합, mapomedcoop.net/info, Accessed on [2025.06.14].
233 Meyer, D. S. 2006, "Claiming credit: Stories of movement influence as outcomes", Mobilization: An International Journal, 11(3), p. 202.
234 심준섭·김지수, 〈갈등 당사자의 프레임과 프레이밍 변화과정 분석: 청주시 화장장 유치 사례〉, 《행정논집》 48(4), 2010, 232-235쪽.
235 김병권, "'월가' 시위가 어설프다? 그건 당신 생각이고", 〈오마이뉴스〉, 2011.10.10.
236 Fiveable, "9.3 Framing processes and collective identity formation – Interest Groups and Policy", Edited by Becky Bahr, 앞의 사이트.
237 심준섭·김지수, 〈갈등 당사자의 프레임과 프레이밍 변화과정 분석: 청주시 화장장 유치 사례〉, 《행정논집》 48(4), 2010, 236-239쪽.
238 배시은, "윤여정 "아들은 동성애자" 고백에 성소수자 부모들 "큰 용기 된다"", 〈경향신문〉, 2025.04.21.
239 한강, 《소년이 온다》, 창비, 95쪽.

참고문헌

김미옥·정민아, 〈탈시설 발달장애인의 자립을 위한 지역사회 지원체계 모색- 미국과 호주의 지원생활 경험을 중심으로〉, 《한국사회복지학》 70(3), 2018, 51-79쪽.

김용득, 〈탈시설과 지역사회중심 복지서비스 구축, 어떻게 할 것인가: 자립과 상호의존을 융합하는 커뮤니티 케어〉, 《보건사회연구》 38(3), 2018, 492-520쪽.

김소연, 《눈물이라는 뼈》, 문학과지성사, 2009.

류은숙, 《인권을 외치다: 가장 낮은, 가장 약한 사람들의 열망으로 바꿔온 인권의 역사》, 푸른숲, 2009.

리아 레빈·플랑튀, 《인권: 인간의 권리에 관한 118가지 질문에 답하다》, 이명재·서현수 옮김, 북스코프, 2012.

몽·김준우·허오영숙·김일란·깡통·진경·토리·석진·나영, 《수신확인, 차별이 내게로 왔다》, 오월의봄, 인권운동사랑방 엮음, 2013.

박근덕·김명랑, 《공무원 인권교육 길라잡이》, 국가인권위원회, 2018.

임성택, "장애인 생활시설에서의 인권 침해, 그 현황과 대책", 〈저스티스〉 128, 2012, 7-59쪽.

장려은, "코로나19 시기 '중국인 혐오'에 대한 민족지적 연구", 석사학위논문, 서울대학교, 2021.

차병직, 《인권》, 살림출판사, 2006

최선욱, "한국 게이운동의 담론 분석: '친구사이' 사례를 중심으로", 석사학위논문, 서울대학교, 1996.

얼 바비, 《사회조사방법론》, 고성호 외 옮김, 센게이지러닝코리아, 2021.

마이클 프리먼, 《인권: 이론과 실천》, 김철효 옮김, 아르케, 2005.

노먼 블래키, 《사회연구의 방법론》, 이기홍 옮김, 한울아카데미, 2015.

맨프레드 B. 스테커, 《지구화》, 이우진, 조성환, 허남진 옮김, 교유서가, 2024.

Anagnostou, D. 2010, "Does European human rights law matter? Implementation and domestic impact of Strasbourg Court judgments on minority-related policies", The International Journal of Human Rights, 14(5), pp.721-743.

Bajaj, M. 2011, "Human rights education: Ideology, location, and approaches", Human Rights Quarterly, 33(2), pp. 481-508.

Bryman, A 2012, Social research methods, 4th ed., Oxford: Oxford University Press.

Brysk, A. 2005, Human rights and private wrongs, New York: Routledge.

Ghandhi, P. R. 2010, Blackstone's international human rights documents, 7th ed., Oxford: Oxford University Press.

Gibson, J. L. 2005, "Parsimony in the study of tolerance and intolerance", Political Behavior, 27(4), pp. 339-345.

Glöckner, F. 2007, "PTSD and collective identity in former Ugandan child soldiers", Master's Thesis, Universität Konstanz.

Junghoon Y. 2013, "Homosexuals and the Contemporary Gay Rights Movement in Korea: Movement Participation and Collective Identity," Master's Thesis, University of Roehampton.

Mutua, M. 2002, Human rights: a political and cultural critique, Philadelphia: University of Pennsylvania.

O'flaherty, M. & Fisher, J. 2008, "Sexual orientation, gender identity and international human rights law: Contextualising the Yogyakarta Principles", Human Rights Law Review, 8(2), pp. 207-248.

Seo, D. J. 2001, "Mapping the vicissitudes of homosexual identities in South Korea", Journal of homosexuality, 40(3/4), pp. 65-78.

Tsang, S. 2009, "Unfamiliar time and space: The actualization of sexual identity in Korea", Master's Thesis, University of Hong Kong.

디그니티 플랜

1판 1쇄 인쇄 2025년 10월 20일
1판 1쇄 발행 2025년 11월 4일

지은이	양정훈
발행처	(주)수오서재
발행인	황은희 장건태
책임편집	최민화
편집	마선영 박세연
마케팅	황혜란 안혜인
디자인	스튜디오 포비
제작	제이오
주소	경기도 파주시 돌곶이길 170-2 (10883)
등록	2018년 10월 4일 (제406-2018-000114호)
전화	031 955 9790
팩스	031 946 9796
전자우편	info@suobooks.com
홈페이지	www.suobooks.com
ISBN	979-11-93238-80-6 (03300) 책값은 뒤표지에 있습니다.

ⓒ양정훈, 2025

이 책은 저작권법에 따라 보호받는 저작물이므로 무단전재와 복제를 금합니다. 이 책 내용의 전부 또는 일부를 사용하려면 반드시 저작권자와 수오서재에게 서면동의를 받아야 합니다.